Sunflowers

ひまわりの文化誌

スティーヴン・A・ハリス 著
Stephen A. Harris

伊藤はるみ 訳

花と木の図書館

原書房

第1章　驚くべき植物　5
第2章　キク科植物のいろいろ　21
第3章　環境への適応　60
第4章　薬用植物としての一面　92
第5章　食用植物としての一面　119
第6章　さまざまな利用法　146
第7章　政治・経済・社会との関わり　161
第8章　文化・芸術・自然科学との関わり　186
第9章　栽培の工夫　212

謝辞　239
訳者あとがき　241
写真ならびに図版への謝辞　244
参考文献　246
本書でとりあげた植物の学名　253
注　280

［……］は訳者による注記である。

開花したヒマワリ

第1章 驚くべき植物

すべてのカンザス州民にとってこの花は、曲がりくねった道と果てしない大草原に代表される開拓時代の先人たちの鋭気と栄光を思いおこさせる象徴的な意味をもっている。現代の私たち州民の誇りであり、わが州の輝かしい未来を象徴するものでもある。カンザスを「ヒマワリの州」の名で全世界に知らしめたのはまさにこの花なのである。

――1903年6月1日付のカンザス州会期別法令集より。[1]

1597年、イギリスの植物学者ジョン・ジェラードはロンドンのホルボーンにある自宅の庭で育てていた普通のヒマワリの背丈が4・3メートルしかないことに大いに落胆していた。ヨーロッパの他国に住むライバルたちは7・3メートルになるまで育てたというのだ。とても信じられない。[2]高く伸びた1本の茎の先端に黄色い巨大な花を咲かせるヒマワリは、満開前の花が太陽の動きを追いかける性質とあいまって、16世紀初めにアメリカ大陸からヨーロッパにもたらされて以来、多くの人の注目を集めてきた。今やヒマワリは世界中でもっとももよく知られた花のひとつだ。その姿は切手の絵柄や企業のロゴマークに描かれ、陶磁器やガラス器のデザインにも使われている。

１９８７年、ゴッホが描いた絵画「ひまわり」シリーズのうちの一点に競売史上最高の値段がつけられたのは有名な話だ。[3] 世界では数千万ヘクタールもの土地がヒマワリの栽培に当てられ、健康食品としてのヒマワリのタネとヒマワリオイルの販売促進には数百億円もの資金がつぎこまれている。２０１４年７月、アムステルダムからクアラルンプールに向かって飛行していたマレーシア航空の旅客機がウクライナ上空で撃墜されるという事件があったときは、満開のヒマワリ畑が黄金色に輝くなかに散らばる飛行機の残骸のニュース写真や映像が、現地の惨状を世界中に伝えた。[4]

ヒマワリは、アメリカ大陸原産の約50種の植物を含むヒマワリ属（学名 *Helianthus*）に属している。日本語の向日葵《ひまわり》をさす英単語「サンフラワー sunflower」は、ローマ時代にその花の色と形から名づけられた「太陽の花」を意味するラテン語「フロス・ソリス flos solis」の直訳であり、ヒマワリ属の学名「ヘリアントゥス *Helianthus*」は同じ意味をもつギリシア語を起源としている。ヒマワリ属は、より大きな分類としてはキク科（学名 *Asteraceae*）に属するが、キク科の植物はどれも小さな花がぎっしり並んでひとつの花のように見える頭状花序《とうじょうかじょ》をもつことで他の科の植物と容易に見わけることができる。この特徴はギリシア・ローマ時代からよく知られていて、キク科の植物は「複合体」を意味する Compositae とも呼ばれていた。

ヒマワリが属するキク科にはデイジー、タンポポ、アザミだけでなく、レタス、アーティチョーク、アルニカ［山岳地帯に生育し、黄色い花を咲かせる］も含まれている。イギリスのほとんどの芝

17世紀中頃にジェイコブ・ボバート・ヤンガーが作成したヒマワリの標本。おそらくオックスフォード大学の薬草園で栽培されたヒマワリ。

生の庭にはスプーン型の葉を広げるデイジーやギザギザの葉をもつタンポポが生えている。これらは多年草なので、芝刈り機で刈られても生きのびて翌年にはまた花を咲かせる。芝生に点在する美しい黄色や白色の花は、自然の力を相手に奮闘し、完璧な緑の芝生を維持しようと手入れに励む人々にとっては悩みのタネだ。

キク科は花を咲かせて種子を作る顕花《けんか》植物のなかでも約3万2000種を含む最大の科であり、顕花植物全体の約9パーセントを占める。となれば当然、その生育地は北極から南極までのあらゆる地域におよぶことになる。アラビアや南アフリカの砂漠からアンデスやヒマラヤの山々まで、北米の湿地帯から中央アジアの草原地帯まで、北極圏のツンドラから都会の空き地までもがキク科植物の生育地だ。その多くは草花だが、熱帯地方や大洋の島々では大小の樹木になるものもある。

一定の定義にもとづいて分類されたキク科ではあるが、見た目だけではキク科とわからない植物もある。ヨーロッパや北米ではキク科の植物は黄色い花を咲かせるが、熱帯地方には紫や薄紫色、あるいは白や赤色の花を咲かせるものもある。生育地の環境に適応するために大きく形を変えたものもある。たとえばケニアのキリマンジャロに見られるジャイアントセネシオやアラビアの砂漠に生育するヘッジホック・シスルのようにサボテンの仲間のように見えるものもあれば、高山植物のエーデルワイスのようにちょっと見ただけではキク科とは思えないものもある。

キク科には多くの植物が含まれるので、経済価値も大きいように思われるかもしれない。しかし牧草やマメ類やバラなどと比べれば、食用や薬用に使われるキク科植物は多くない。それでも何千もの昆虫や何百もの動物たちがキク科植物とそれが形成する環境を必要としているのだ。近年、環

タンポポは世界中のさまざまな環境下で生育している。

ハンス・ホフマン画「森のなかの野ウサギ」1585年頃。野ウサギの周囲にはアザミ、ホタルブクロ、ハゴロモグサ、タデなどの植物がみられる。

境に関する研究やビジネスをする人々のあいだでは、キク科はたとえばハチやハナアブのような穀物の授粉者の食料としても重要な役割を果たしていると認識されている。キク科植物は花壇になくてはならない花であるだけではなく、宇宙で最初に花を咲かせたのはキク科に属するヒャクニチソウだったらしい。[5]

本書ではキク科ヒマワリ属の植物について、生物学、生態学および文化的な側面から探究していく。この第1章ではヒマワリ属の基本的な構造を知るために、その一生をたどることにする。第2章では世界中に見られる形の異なるさまざまなヒマワリの仲間について見ていく。形を変え、生物としての体の仕組みを変え、分子レベルにおよぶ工夫をこらして環境に適応することで、キク科植物は驚くほどの多様性を獲得し、それぞれの種《しゅ》として存続してきた。第3章ではヒマワリを含むキク科植物が存続のためにいかに環境に適応し進化してきたかを探究する。第4章と第5章では薬用および食用としてヒマワリが人間にいかに貢献してきたかを述べる。第6章では、単なるアメリカ先住民の食べ物のひとつにすぎなかったヒマワリが世界的に流通する商品作物となった過程とその理由をさぐる。残りの3つの章ではヒマワリが人間に与えるイメージについて、それが文学者や美術家にインスピレーションを与えてきた事実、そして観賞用植物として多くの庭や公園を彩るようになったばかりか、環境保護や健康に関心のある人々のライフスタイルに合わせた各種商品の販売促進にも大いに利用されている事実について述べる。

●発芽

ヒマワリの発芽を見て種子に秘められた生命力に驚いた子供は多いはずだ。それほどの経験は生涯を通して最初で最後になるかもしれない。湿った土の中に埋めたのは、黒と灰色のしま模様があり、ウサギやオウムのエサにする長さ1センチもない長円形のタネだ。それが数か月のうちに何メートルもの高さに育ち、てっぺんに黄色い巨大な花を咲かせるのだ。イギリスの植物学者ジェラードはあまりの変化への驚きをこめて、次のように書いた。

この夏私の庭では、4月にまいたタネが4・3メートルの背丈にまで伸び、ひとつだけ咲いた花は重さが1・4キロ、直径が40センチもあった。[6]

ヤグルマギクにとまるマルハナバチ

ヒマワリのタネを開いて中を見れば、薄い膜におおわれた灰色がかった茶色の種核がある。この種核が本当の種子なのだ。種核は脂肪を多く含む一対の平らな長円形の部分（子葉）に分けることができ、そのあいだに新しいヒマワリになるはずの小さな胚《はい》がはさまれている。

タネをまいて数日もすれば、地面の下で発芽が始まる。芽を地面とつなぐ最初の根が胚から出てくる。生まれたばかりの芽はこの根から水分を吸収し始め、2枚の子葉《しよう》を広げていく。子葉の下で折れまがっている茎が少しずつ成長して芽を地面のほうに進める。やがて地表に達した茎はまっすぐに伸びてタネの中の子葉を引っぱり、芽の先端を地表に解き放つのだ。子葉にたくわえられていた脂肪分はここまでの活動を支えるエネルギー源だったのだが、子葉にはもうひとつ役目が残っている。発芽したヒマワリの最初の葉になるのだ。子葉は緑色になり、葉緑素と太陽光の力を借りて光合成を始め、水と空気中の二酸化炭素から糖分と酸素を作る。その後1週間もすると急速に成長し始めた芽から出てくる本葉《ほんよう》に光合成をする役目を引きつぎ、子葉は枯れていく。

種子が発芽するようすは見る者を魅了する。タイムラプス（コマ送り）撮影をした映像を使えば、数日かかるその過程を数分で見ることができる。その映像は私たちの発芽に関する概念を変え、もっと言えば植物は自力では動かない生物だという固定観念をうち砕く。[7] ヒマワリが発芽するときの美しいとしか言いようのない映像では、地中から顔を出した芽はゆらゆらと動き、子葉と新しく出てきた本葉はけだるく身をゆらせている。この発芽の初めてのタイムラプス映像は、その技術が生まれたばかりの19世紀末にドイツの植物生理学者ウィルヘルム・ペッファーによって撮影された。[8] ただしその数年前、チャールズ・ダーウィンは何百種もの植物の芽を用い、ガラス板の上に置いたそ

17世紀、ヒマワリはその大きさと花が動くことで珍重され、栽培されていた。

ヒマワリを描いた陶器の皿。F. ゲイズデン作。1876年。

れらの芽に水平に光を当てる実験を行って、最後の著書となった『植物の運動力』［渡辺仁訳／森北出版／２０１２年］でそうした芽の動きについて記している。彼はその現象を「旋回運動」と名づけ、運動の大きさと速度は植物の種《しゅ》によって異なると記している。ヒマワリの芽は、14時間で約３ミリだった。[9] ダーウィンは旋回運動の仕組みを解明できなかったが、それは「植物がもつ生理機能」だと結論している。

１９６７年、アンダース・ヨハンソンとドナルド・イズリアルソンはこの旋回運動には重力が影響しているという見解を発表した。[10] そして約40年後、ヨハンソンは国際宇宙ステーションでその仮説を証明する実験を行う機会を得たのである。宇宙ロケットはスペースが限られていたのでヒマワリの種子と出たばかりの芽は大きすぎるということで、もっ

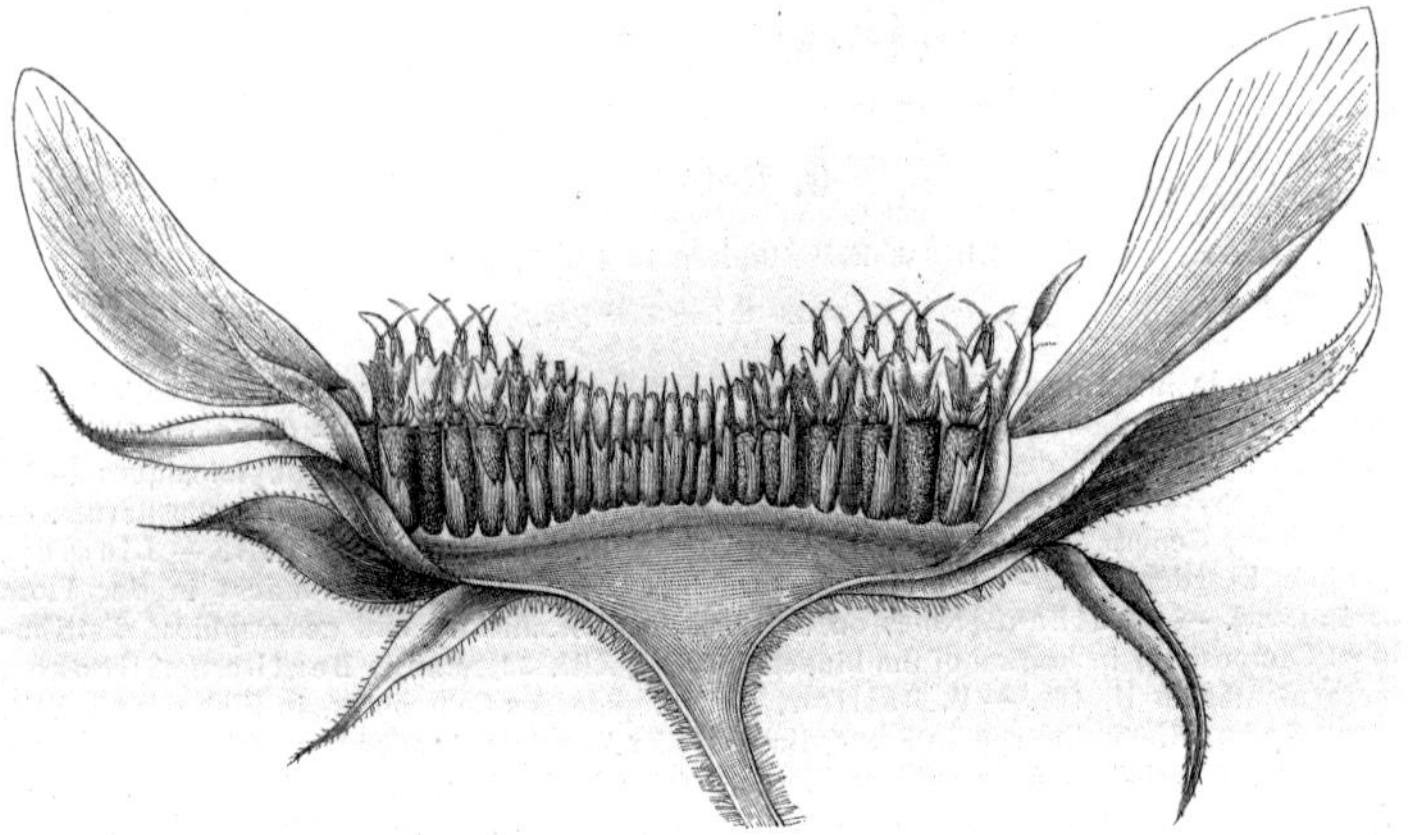

ヒマワリの頭状花序の構造とさまざまな状態の管状花を示す断面図

と小さいアブラナ科のシロイヌナズナ[11]の種子と芽が実験に使われた。実験では長期的な重力の影響を調査するため種子を特殊な容器の中で発芽させ、写真をとって芽の位置の変化を正確に記録した。すると宇宙ステーション内のほぼ無重力の状況下でも、ごくわずかな旋回運動が確認された。ダーウィンは正しかったのだ。旋回運動は植物にあらかじめ組みこまれた生理機能で、重力がその動きを増幅させていたのである。[12]宇宙空間での実験により、長年の謎だった植物生理学上の疑問がひとつ解明されたわけだ。

◉開花と結実

地球に目をもどそう。ヒマワリの芽は北半球の比較的短く涼しい夏のあいだに一生を終えるために急いで成長する必要がある。茎が伸びるにしたがい表面がざらざらしたハート形の葉がらせん状に現れる。先端に咲く直径60センチに達することもある花（頭状花序《とうじょうかじょ》）を支える円筒形の茎はしっかりしていて、やわらかい髄《ずい》を保護している。花は一見ひとつの花に見えるが、じつは何千もの小さな花（小花《しょうか》）が円形に集まったもので、総苞片《そうほうへん》と呼ばれる緑色の葉のようなもので茎とのつけ根のまわりを囲まれている。全体をよく見ると、小花には2種類あることがわかる。円形の頭状花序のいちばん外側にあるのは、左右対称で細長く、やや大きめの黄色い花びらをもつ舌状花《ぜつじょうか》。舌状花は種子を作ることはできず、花粉を運ぶ昆虫を引きつける役割を果たしている。舌状花の内側には茶色い花びらをもつ管状花《かんじょうか》が何百個もある。これは授粉する花で「熟練の職人が計画的にきっちりと並べた[13]」かのように見える。絶妙の配置で隙間なく並べられた管状花はたしかに神秘的な意図を感じさせるが、要するに限られた面積にできるだけ多くの小花を並べようとした結果なのだ（第8章参照）。

管状花をよく見てみよう。一般的な花とはかなり形が異なるとはいえ、典型的な花の要素（萼《がく》、花冠《かかん》［花びらの部分］、雄しべ、雌しべ）はすべて備わっている。萼《がく》は変形してトゲのような2本の冠毛《かんもう》になり、花冠は5枚の花びらがくっついてひとつになっている。花冠の内部には5本の雄しべがあり、それぞれの雄しべは糸状体《しじょうたい》の先端に花粉の入った袋（葯《やく》）をもっている。葯はリング状につながり、糸状体は花冠につながっている。管状花の中心には針のような花柱《かちゅう》があり、その下部は雌しべの子房《しぼう》につながっている。雄しべの先端の葯から花粉が放出されたあと子房から花柱が伸びてきて、ちょうど注射器から液体を押し出すピストンのように雄しべの中を通って先端へと向かう。雄しべの先端に達した花柱は先端がふたつに分かれてそりかえり、その表面に昆虫が運んできた別のヒマワリの花の花粉をまとう。子房は花冠と冠毛の下にあり、子房の下部は花と茎の境目にある花托《かたく》に続き、そのあいだには小さな弁のような組織がある。

管状花が頭状花序の外側から内側へと順に咲いていくにつれて、花粉が順に放出されていく。い

ヒマワリの管状花のクローズアップ

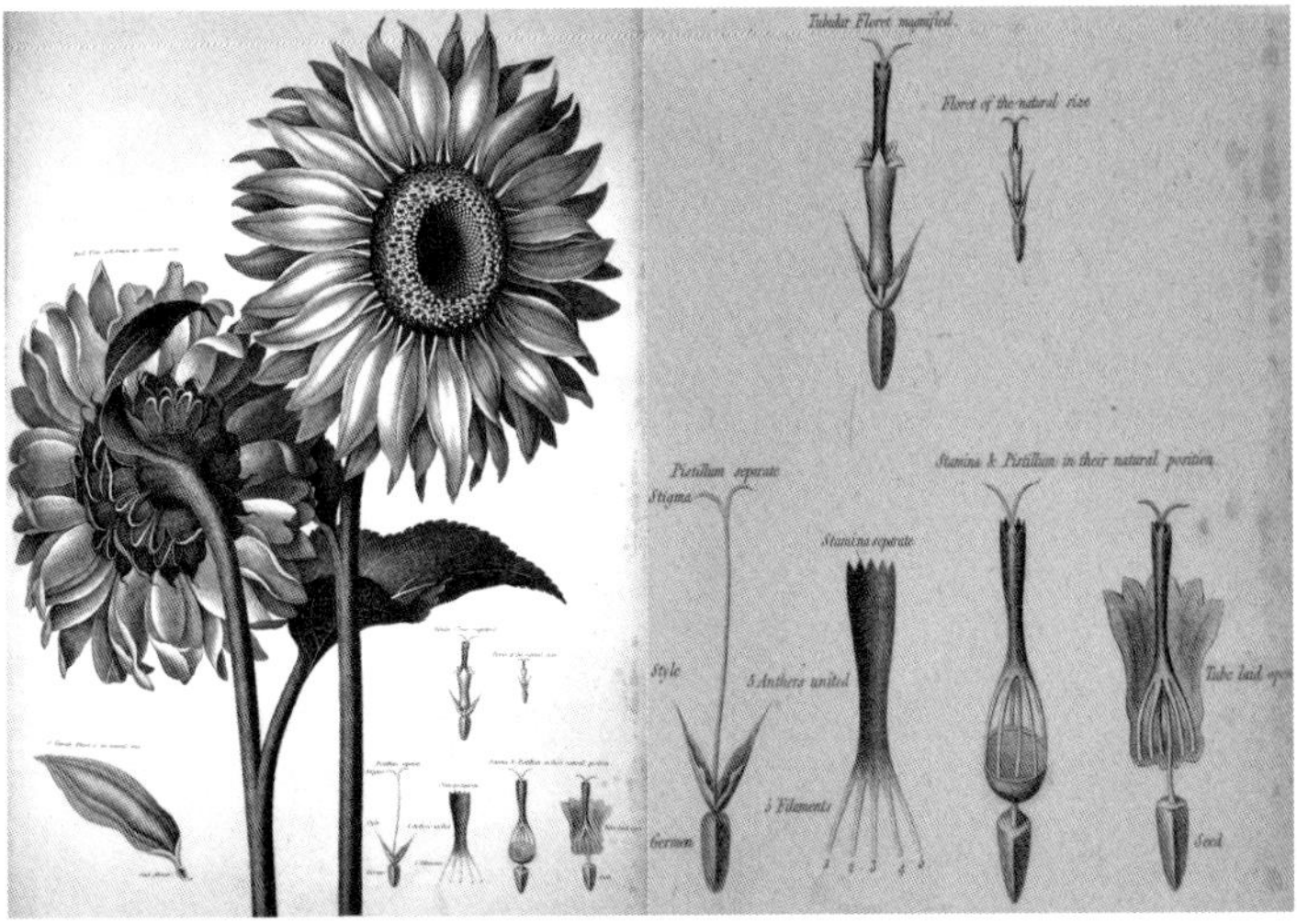

教育用に印刷されたヒマワリの花の図の一部。19世紀。

ちばん外側の管状花の少しそりかえった裂片《れっぺん》に花粉が付いているとき、少し内側の管状花の花柱はまだ先端がふたつに分かれていない。さらに内側では、開花したばかりの管状花の先端を黄色い花粉の袋がふさいでいるが、頭状花序の中心部にある管状花はまだ開花していない。ヒマワリが非常に目立つ黄色の頭状花序でうまくハチやハナアブといった花粉の仲介役を引きつけるのは理にかなっている。[14] ヒマワリはそれらの昆虫のおかげで遺伝子を空間的に移動させ、ほかのヒマワリの花に届けることができる。昆虫はその見返りに花粉という食料を得られるわけだ。

受粉と受精が終われば、それぞれの管状花は種子がひとつある乾果《かんか》（乾燥して硬い果実）をひとつずつ作る。この果実は自然に割れて種子を放出することはない。このさき特に明確な区別を必要としない限り、本書も一般的な用例にならってキク科植物の果実をタネと呼ぶことにする。原産地である北米地域では、脂肪分が豊富な野生のヒマワリのタネは小鳥や小型哺乳類に食べられていた。ただしそれらがタネを遠くに運ぶ役目を果たしていたとは考えにくい。むしろ大型のバイソンがタネを遠くまで運んだことのほうがあり得るだろう。体に生えている剛毛にタネがついて、バイソンの移動先でそれが落ちたことは十分に考えられる。[15] 一般的なヒマワリのタネは少なくとも4年は発芽機能を保っている。[16] したがってヒマワリのタネがもつ遺伝子は、種子が発芽機能を保っている期間内にそれを運ぶ動物が移動した場所まで広まることになる。

植物が発芽し成長して開花し、タネを形成する過程は、同じキク科であっても種《しゅ》によって違ってくる。次章ではキク科に属するさまざまな種について見ていこう。

第2章　キク科植物のいろいろ

私たちの庭園には多様な植物が生育しているが、まだ正体の知れないものも多い……それらは美しいというよりめずらしい植物なのだが……植物の王国の華やかな住人たちより多くの喜びと知識を与えてくれる。

――W・H・バクスター『庭 *The Garden*』（1877年[1]）

オックスフォード大学の薬草園（現在は植物園）の管理責任者になる前年の1812年に、ウィリアム・バクスターはオックスフォード市内に生育する500種以上の植物を調査し、記録したが、そのうち60種以上がキク科だった。[2] 2～3月には葉が出る前に花をつけるフキタンポポとフキがあり、デイジーとノボロギクも開花していた。5月には当時オックスフォード以外ではあまり見られなかったオックスフォードサワギクが大学の壁を彩っていた。6～7月にはブリストリー・オックストング、ゴボウ、チコリ、サワギク、ハハコグサ、ナツシロギク、ホークビット、ヤグルマギク、ヨモギ、フランスギク、ノゲシ、アザミ、ノコギリソウなどのキク科植物が、白、黄色、青色、紫

ウラジロチチコグサ（*Gnaphalium Coarctatum*）。アメリカに広く分布するキク科植物。

色の花々を咲かせた。夏の終わりから秋の初めにかけては、それらにかわってチャボアザミ、センダングサ、ウィンターコスモス、コーンマリーゴールド、ヤナギタンポポ、エゾヨモギギク、野生のチシャ、ニガヨモギなどが花をつけた。しかし、19世紀のオックスフォード近辺で記録されたこれら多くのキク科植物は、イギリス国内の状況を反映したものではあっても、世界全体のキク科植物から見ればほんの一部にすぎない。

18〜19世紀にはヨーロッパから世界各地に探検隊がでかけ、ヨーロッパには存在しなかった数々のキク科植物の標本を持ちかえった。新種は無限にありそうだった。神は花粉を運ぶ甲虫がことさらにキク科の植物を好むように創造されたに違いない。今ではキク科に属する植物は３万２０００種以上ある。というのも植物の新種を発見し、描写し、分類することを仕事とする植物分類学者たちは5世紀以上にわたって新種を見つけては記録してきたからだ。分類学者といえば暇さえあればほこりをかぶった標本をじっくり調べている変人という戯画的なイメージがあるかもしれないが、実際にはそんな人はあまりいない。細部を見逃さないためには植物学者としての鋭い眼力と幸運もたしかに必要だが、分類学者の仕事をするには自然のままの姿を残す未踏の地へ積極果敢に出かけていくことも求められるのだ。そのような未知の場所にはキク科の植物がどれほどあるかはもとより、どんな植物が存在するのかさえわからない。手つかずの自然が残る場所はまだあるが、そのどれもが消滅の危機にひんしている。１９９０年代初めから２０１０年代半ばまでの20年間で、すでに野生のままの地域の約10パーセントが失われているのだ。[3]

キク科植物の特徴である頭状花序についてはフランスの植物学者ジャン・リュエルが16世紀に初

17世紀の植物学者ジョン・パーキンソンの著作『地上の楽園 *Paradisus Terrestris*』（1629年）の１ページ。マリーゴールド、ヒマワリ、ヤナギタンポポ、キバナバラモンジン、キバナムギナデシコなどが描かれている。

めて著書に記しているが、少なくとも紀元前300年頃からアザミやデイジーなどについては知られていた。[4] 18世紀、19世紀になるといく人かのヨーロッパやアメリカのキク類研究家の業績によって、多様なキク科植物に関する知識が増してきた。[5] それに関しては現代のキク科植物分類の基礎を築いた初期の研究家たちの業績はたしかに偉大だが、多くの植物をこつこつと採集し、現代の博物館や標本室に収蔵されている植物標本を整備した多くの名もない採集家の貢献も大きかった。

現在、植物標本を収蔵する博物館は世界中に約2500あり、全体で約3億点の標本が存在する。たとえばパリの国立自然史博物館には約1000万点の標本があり、ニューヨーク植物園には約800万点、イギリスの王立植物園であるキューガーデンには700万点ある。[6] ルネサンス以後、こうした標本のコレクションには多大な資金が投入されてきた。ひとつにはそれが私たちをとりまく植物――私たちの生活を支える大切な資源――の記録を残す最善の方法だと考えられていたからだが、もうひとつの理由は私たち人間がこの地球上の生物についてもっと知りたいと思う好奇心を抑えられないからだ。1970年以後、世界中にある植物標本の点数は2倍に増え、世界中の未登録の顕花植物の半分以上はすでに採集されているという見解もある。[7] ただし世界中の標本の半分以上は命名が間違っていると主張する研究者もいる。[8] いずれにしても、植物標本がキク科植物の変種を理解するうえで中心的な役割を果たすことは間違いない。標本のコレクションは国境も世代の壁も越えて採集家、学芸員、研究施設の拠り所となるものなのだ。

1726年にロンドン郊外のエルタム宮殿で栽培されていたリアトリス・スカローサの植物画とその標本。この植物画はドイツ出身の植物学者ヨハン・ディレニウスが『エルタムの庭園 *Hortus Elthamensis*』（1732年）に描いたもの。

◉新種の発見

花を咲かせる顕花植物の新種が発見されることは多く、毎年約2000種が登録されている。新種は必ずしも遠く離れた異郷の地で発見されるわけではなく、大都市近郊で発見されることもある。また、新種はちっぽけで見つけにくいものとは限らない。目立つ場所に堂々と咲いているのに、わざわざそれを採集して新種かどうか調べようとは誰も思わなかったということもある。

植物採集家たちが新種を求めて行った旅がきっかけとなって、人々は植物を何に役立つかという実用的な視点から見るだけでなく、自然界に対する理解を深めたいという気持ちから見るようになった。17世紀のイギリスの博物学者であるエセックスのジョン・レイは、植物を薬用あるいは食用にする対象として見る伝統的な態度を捨て、自然界の仕組みを知る手がかりとしての植物に興味をいだいた。[9] 彼はイギリス国内を旅し、ヨーロッパ大陸にも足を伸ばして出会った植物を記録し、それらについて理解しようとした。彼の初期の著書のひとつ『ケンブリッジに生育する植物のカタログ *Catalogus plantarum circa Cantabrigiam nascentium*』（1660年）はイギリスの地域ごとの植物相を記録した最初の本となった。[10]

一方ヨーロッパ大陸では、フランスの22歳の青年ジョゼフ・ピトン・ド・トゥルヌフォールが父の死によって神学の勉強から解放され、残りの人生を植物の採集と研究に当てることに決めていた。[11] 植物採集のためなら危険もいとわなかった彼は、あるときピレネー山脈でこんな体験をした。

彼は人里はなれた山中でまるで隠者のように質素に暮らす住人に出会った。その住人は泥棒ではないかと彼を恐れることもなく、できる限りのもてなしをしてくれた。ピレネー山中には、出会った旅人から金品を強奪しようとたくらむスペイン山岳部隊の兵士たちもいた。彼はレアル銀貨を黒くて硬いパンの中に隠して持ち歩いていたので、乱暴な兵士たちは何も持っていない彼を嘲笑しただけだった。[12]

1700年から1702年にかけてトゥルヌフォールはフランス人画家クロード・オーブリエとドイツ人植物学者アンドレアス・グンデルスハイマーとともに地中海東部地方を踏査し、オスマン帝国内の植物を採集して記録した。[13] トゥルヌフォールは何百もの植物を採集し、その標本をパリ、ロンドン、オックスフォードの各博物館に預けた。標本には多くのキク科植物が含まれていて、彼はそれらの標本について著書『レヴァント地方への旅について *Relation d'un voyage du Levant*』(1717年)に記している。

トゥルヌフォールの調査旅行に刺激をうけたオックスフォード大学の教授ジョン・シブソープと優れた植物画家だったフェルディナンド・バウアーは、トゥルヌフォールの旅行から80年以上たってから同じ地域にでかけた。シブソープは2400点をこえる植物標本をもたらし、バウアーはこのとき描いた鉛筆によるスケッチを持ちかえって、1000点近い水彩画に仕上げた。それらはのちに『ギリシア植物誌 *Flora Graeca*』(1806~40年)として出版されたが、これは非常に高価な本で現存するものは少ない。この本に掲載された1000枚近い水彩画のうち149枚はキク科植物を描いたもので、多くはそれまで知られていない新種だった。
南アフリカの比較的温暖な乾燥地帯は、イギリス人植物学者ウィリアム・バーチェルやドイツ人植物学者ヨハン・フランツ・ドレージにとってキク科植物の宝庫だった。アフリカンデイジー、レインデイジー、キングフィッシャーデイジーなどの南アフリカ産の植物は標本にするだけでなく、ヨーロッパに持ちかえって庭に植えてもよく育った。身近で栽培できれば、標本では不可能な受粉の仕組みや生理機能などの観察ができる。
19世紀には標高の高い南米のアンデス山脈でキク科の新種が多数発見された。一方アマゾン川流域は植物の宝庫とはいえ、高山地帯や乾燥地帯と違ってキク科植物はほとんどなかった。1836年から1841年にかけてスコットランド出身の若き外科医ジョージ・ガードナーは、ヨーロッパ人がほとんど足を踏みいれたことのないブラジル内陸部を徒歩と馬によって数千キロも旅した。[14]彼は常に緑と霧におおわれている大西洋岸の南東部森林地帯（マタ・アトランティカ）、中央部に広がる広大な熱帯草原（セラード）、北東部の半乾燥地帯（カーティンガ）を探検した。そして行く先々で9000点以上の植物標本を集めた。そのうちの約13パーセントはキク科植物で、その半分以上が新種だった。[15]
ガードナーが標本にする植物を採集するうえで苦労したのは、未知の土地を旅することと、そこから安全に標本を持ちかえることだった。現代では外国旅行をしたり現地で入手したものを持ちかえったりするのはそれほど難しいことではない。現代の植物学者にとって難しいのは、現地の法律にしたがい、倫理面で非難されることのないように植物採集と調査をするための許可を得ることだ。

探検旅行によってキク科植物のさまざまな種とその分布が明らかになった。ここにあげた 4 種は東部地中海地方への遠征で収集されたものの一部で、この遠征の成果はのちに『ギリシア植物誌 *Flora Graeca*』（1806 ～ 40年）に収められた。左上から時計まわりに *Carduncellus caeruleus*; *Echinops microcephalus*; *Achillea holosericea*; *Staehelina petiolata*。

ブラジル中部の広大なセラード（熱帯草原）はキク科植物の宝庫だ。

植物採集は重要な文化活動だが、そうした活動は現地に住む先住民や植民者の文化を損なうことにつながるという意見もある。植物採集者を、ギリシア神話の妖精ヘスペリデスたちが守る黄金のリンゴの木から果実を盗んだヘラクレスにたとえることもある。採集に訪れる外国人は、何の見返りも与えずに現地の人々が昔から受けついできた知識を横取りしようとしていると言われることもあるのだ。[16]

このような問題に対処するために、これまでに名古屋議定書「遺伝資源の利用から生ずる利益の公正公平な配分がなされるよう資源の提供国と利用国がとるべき措置を規定したもの」のような国際協定にしたがって倫理的な採集を行う努力や、研究者間の友好的で広範なネットワークを築くための努力がなされてきている。[17] 今では採集に行く相手国からインフォームド・コンセント「十分に説明したうえでの同意」を得ることなく採集を行うことはできないし、するべきでない。

植物学者たちが研究成果を伝えたり交換したりするための不可欠なコミュニケーション・ネットワークは、フィールドワークをともにすること、互いに訪問しあうこと、標本や書簡の交換をすることによって築かれる。[18] そのようなネットワークの広がりによって植物名がはっきりした例のひとつが、雑種であるオックスフォードサワギクのシチリアからイギリスへの伝来だ。[19]

この植物がオックスフォード大学の薬草園に伝来したことは植物標本と記録文書からわかる。標本にはこの植物はシチリアの聖職者で博物学者だったフランチェスコ・クパーニが、18世紀初頭にイギリスの外交官で植物学者だったウィリアム・シェラードにタネを贈ったと記してある。シェラードはバドミントンに住むボーフォート公爵未亡人メアリー・サマセットの孫の家庭教師をしており、雇い主である公爵未亡人にそのサワギクのタネをわたした。彼女は植物愛好家、博物学者として名高い人だったのでイギリスはもとよりヨーロッパ中に植物愛好家のネットワークをもっており、オックスフォード大学付属薬草園の園長だったジェイコブ・ボバートもその一員だった。ボバートが園長だった頃から19世紀初頭まで、オックスフォードサワギクは新奇な植物として、市内の壁や学生時代をなつかしむオックスフォード大学出身の神父が管理するいくつかの教区だけで見られるものだった。それが今ではイギリス中のほとんどの場所に広まっている。植物標本という物的証拠があったおかげで、ここに記したような植物愛好家たちのネットワークのピースをつなぎ合わせることができたのだ。こうでもしなければ、オックスフォードサワギクとそれ以外のヨーロッパサワギクを区別することは難しいのである。

オックスフォードサワギクはシチリア島からオックスフォード大学に伝来した種だが、今ではイギリス全土で見られる。

◉新種の命名

　世界のどこでも、新しい動植物を発見した人はそれに名前をつけてきた。ところが分類学者は「切手の収集家」などと揶揄《やゆ》されることがある。そうした批判が起きるのは、ある生物に名前をつけることはその生態を理解するために欠かすことのできない最初の一歩だ、ということがわかっていないからだ。名前をつけることは情報を系統立てるための方法であり、文化的背景や世代を超えて人々のコミュニケーションを可能にする手段となる。名前をつけるにあたって重要なことは、それが明確に何かを指し示すことだ。日常生活のなかで、ある動物または植物をさすときは一般的な呼び名（俗称）、あるいは漠然とした名称が使われているが、その動植物にはもうひとつ、学名というものがついている。現在知られているキク科植物はどれも学名をもっているが、俗称があるものは少ない。俗称は統一性がなく、国際的には通用しないが、その俗称を使う人々の文化、伝統、信念、思いこみなどを反映している。[20]

　学名は常に変わらず、あいまいでなく、言語の違いをこえて通用することをめざしている。ヒマワリにヘリアントゥス・アンヌウス（*Helianthus annuus*）という学名を正式につけたのはスウェーデンの博物学者カール・フォン・リンネで、著書『植物の種《しゅ》 *Species Plantarum*』（１７５３年）のなかでのことだった。それまでヒマワリは、フランドルの植物学者レンベルト・ドドエンスの著書『ペンプタデス *Pemptades*』（１６１６年）ではヘルバ・マクシマ（Herba Maxima）と記され、スイスの植物学者ガスパール・ボアンの『植物対照図表 *Pinax theatri botanici*』（１６２３年）にはヘレニウム・インディクム・マクシムム（Helenium indicum maximum）と記されていた。

リンネが考案した命名法は一貫した単純な2名式システムで、現在では2011年に定められた国際植物命名規約によって管理されている。ヒマワリの学名の前半にある「ヘリアントゥス」（太陽の花）はヒマワリを含む50以上の種が属するヒマワリ属という属名であり、後半の「アンヌウス」は一年草を意味していて、このふたつでヒマワリという種《しゅ》だけを表している。種の下には亜種があり、変種名や品種名はそこに入る。

この規約によりいったん正式に定められた学名は、たとえうっかりミスが見つかっても変更できない。一例をあげよう。スカレシア属はガラパゴス諸島の固有種で、じつはヒマワリの仲間である。[21] 1836年、スコットランド人植物学者ジョージ・ウォーカー＝アーノットが「W・スケイルズ」という人物に敬意を表してスカレシアという属名をつけたのだが、残念なことにこれは彼のうっかりミスだった。スケイルズという人物は実在せず、アーノットが敬意を表したかったのはウィリアム・スティブルズという植物学者だったのだ。[22] つづり字の間違いからつけられた学名が永久に残るわけである。

学名はすべて、永久に保存されている特定の見本と関連づけることができなければならない。その見本をもとに命名者は名前を考える。たとえばヒマワリ属の場合、見本は現在ロンドン・リンネ協会で保存されてているリンネ本人による標本だ。見本は必ずしもある特定の種の典型である必要はない。どこまでがある種の変種でどこからが新種かを見きわめるのは分類学者の仕事になる。国際命名規約があっても、同じ植物に複数の学名がついていることもある。規約ができるよりも前の

アフリカンシスル

名前のほうが妥当だと思われたり、新たな研究成果から別の学名がふさわしいと思われたりすることもある。そのような場合は学名の変更が必要だ。学名はたしかに重要だが、本書では一般に使われている俗称がある場合はそれを使い、巻末に付録としてそれらの学名の一覧を示すことにする。

◉頭状花序・小花・果実

キク科の植物は——一般的なヒマワリやヨーロッパヤグルマギクのように——だいたい一年生か多年生の草本《そうほん》だが、低木や高木になるもの（ニュージーランドのデイジーブッシュ、アフリカのキャンファーブッシュ、中央アメリカのトゥブなど）もある。少数だが他の植物などに着生するもの（ブラジルのグアコ、中央アメリカのゴングロスティルスなど）、水生のもの（メキシコのオークリーフプラント）、多肉植物（カ

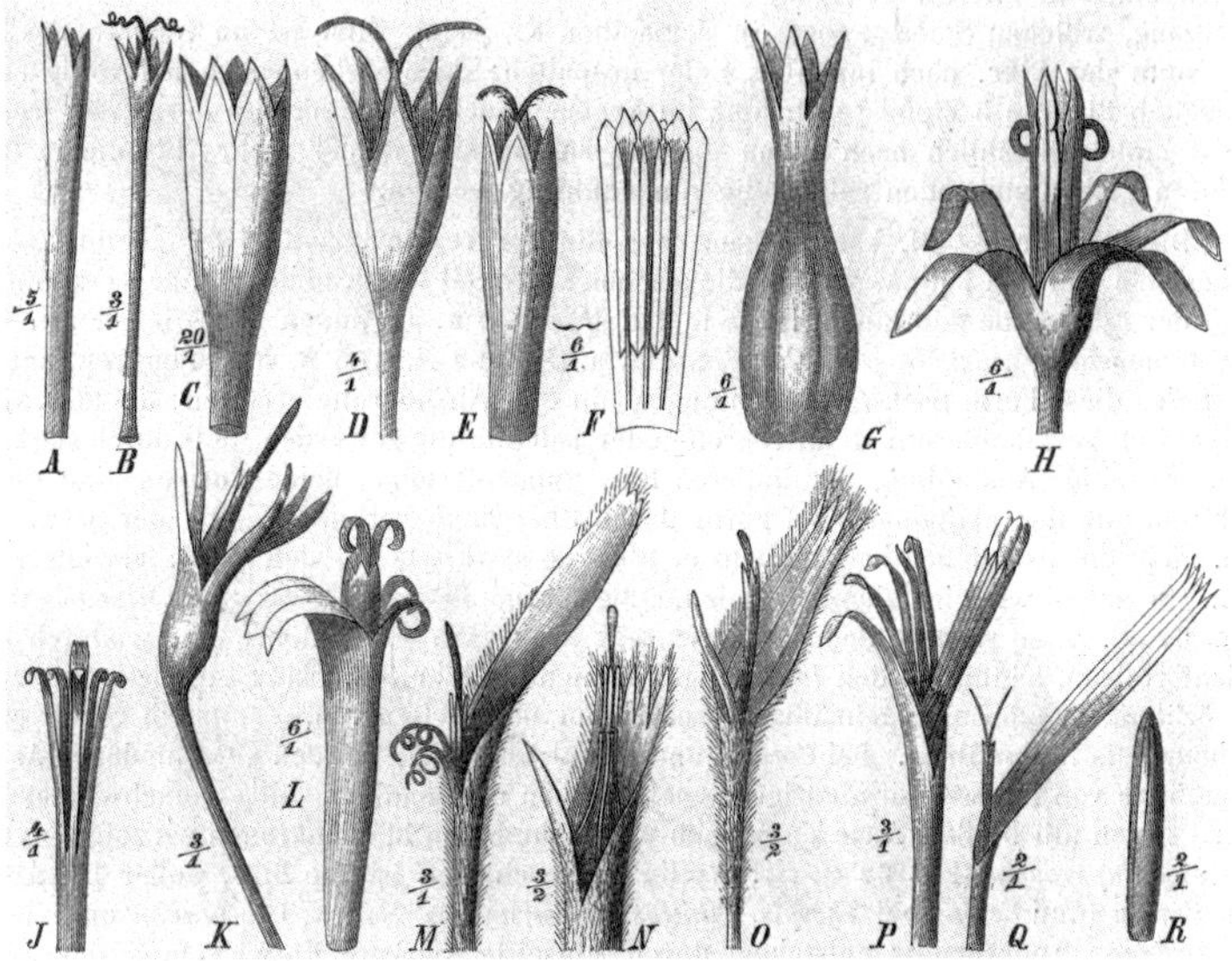

キク科植物のいろいろな小花

ナリア諸島のヴェローデ）もある。

この章の冒頭で紹介したバクスターがオックスフォード近郊で記録したキク科植物がそうだったように、多くのキク科植物は黄色い頭状花序を咲かせ、一見するとどれも同じように見える。そのためそれらを区別しようとする研究者のあいだではNYC（Nasty Yellow Compositeキク科のいまいましい黄花ども）という言葉が生まれたほどだ。キク科の植物を見きわめようとすれば、頭状花序の色だけでなく、その小《しょう》花《か》のタイプ、配列、雌雄《しゆう》の違いなどの細部をよく観察しなければならない。[23]

雌雄同熟（雄しべと雌しべが同時期に成熟し自家受粉する）の花の小花は雄しべと雌しべを備えており、小花すべてが雄しべだけとか雌しべだけというものは少ない。雌雄同熟で自家受粉するものにはタンポポやレタスがある。雄花と雌花をもつ植物の場合は、ひとつの株に両方

栽培種のノコギリソウの開花

咲くもの（オナモミなど）と雄花だけ咲く株と雌花だけ咲く株があるもの（バッカリス属など）がある。それに対しひとつの花の雄しべと雌しべが時期をずらして成熟するため自家受粉しないのがヒマワリなどの花だ。

ヒマワリの小花には頭状花序の外側にあって生殖機能のない舌状花《ぜつじょうか》と、その内側にあって雄しべと雌しべをもつ管状花《かんじょうか》がある。小花のまわりを囲む苞葉《ほうよう》は1列だけのものと複数列のものがある。苞葉はそれぞれの植物によって葉のようだったり、うろこ状だったり、うぶ毛のようなものが生えていたり、剛毛が密生していたりする。小花の下にある花托《かたく》は平らなことが多いが、円錐《えんすい》形や円筒形（キバナオランダセンニチやルドベキア類）の場合もあり、うろこ状のもの、毛のようなものが生えているものもある。

頭状花序の小花の数はひとつしかないセイタカヒゴタイから1000以上あるヒマワリまで種類に

よってさまざまだ。ヒマワリの小花は2種類ある。放射対称（対称軸がいくつもある）の管状花と左右対称の舌状花だ。キク科全体では左右対称の小花には4タイプあるが、いちばん多いのは先端が3つに分かれている舌状花（カモミールなど）や先端が5つに分かれている小舌状花（ミヤマコウゾリナなど）だ。頭状花序そのものがたくさん集まってさらに複雑な構造になることもあり、そうして集まったものがさらに苞葉に囲まれていることもある。頭状花序の数や配置、大きさや形はその植物の属や種《しゅ》によってさまざまだ。よくある例としてはデイジーのように頭状花序がひとつだけのものやセネシオのように平らなものがあり、めずらしいものとしてはリアトリスのように縦長にいくつも並ぶものもある。

キク科の植物に共通するその他の特徴としては、花粉を収納している葯《やく》と子房から伸びて先端で花粉を受けとる花柱《かちゅう》の構造がある。葯の形と大きさ、それに花柱の伸びる仕組みや花粉を受ける先端部の構造などは種によって驚くほど異なっている。一般的な構造では、先端部がふたつに分かれその両方に花粉を受ける柱頭の表面がある。花柱とその先端部の外側はうぶ毛のようなものがあったり丸いぶつぶつがあったり、すべすべしていたりといろいろで、先端部にさらに付属物があるものもある。柱頭の花粉を受ける面は柱頭の縁に沿った部分だけの場合もあれば、伸びてきた花柱の内側全体の場合もある。

キク科植物の果実（いわゆるタネ）は一般に乾燥して硬い乾果《かんか》で、成熟しても割れることはないが、萼《がく》が変化した冠毛《かんもう》がついていることが多い。ヒマワリの場合、タネは成熟すると花から落ちる。キク科のタネは角ばったものもあれば丸みをおびたものもあり、扁平《へんぺい》なものや曲がったもの、美し

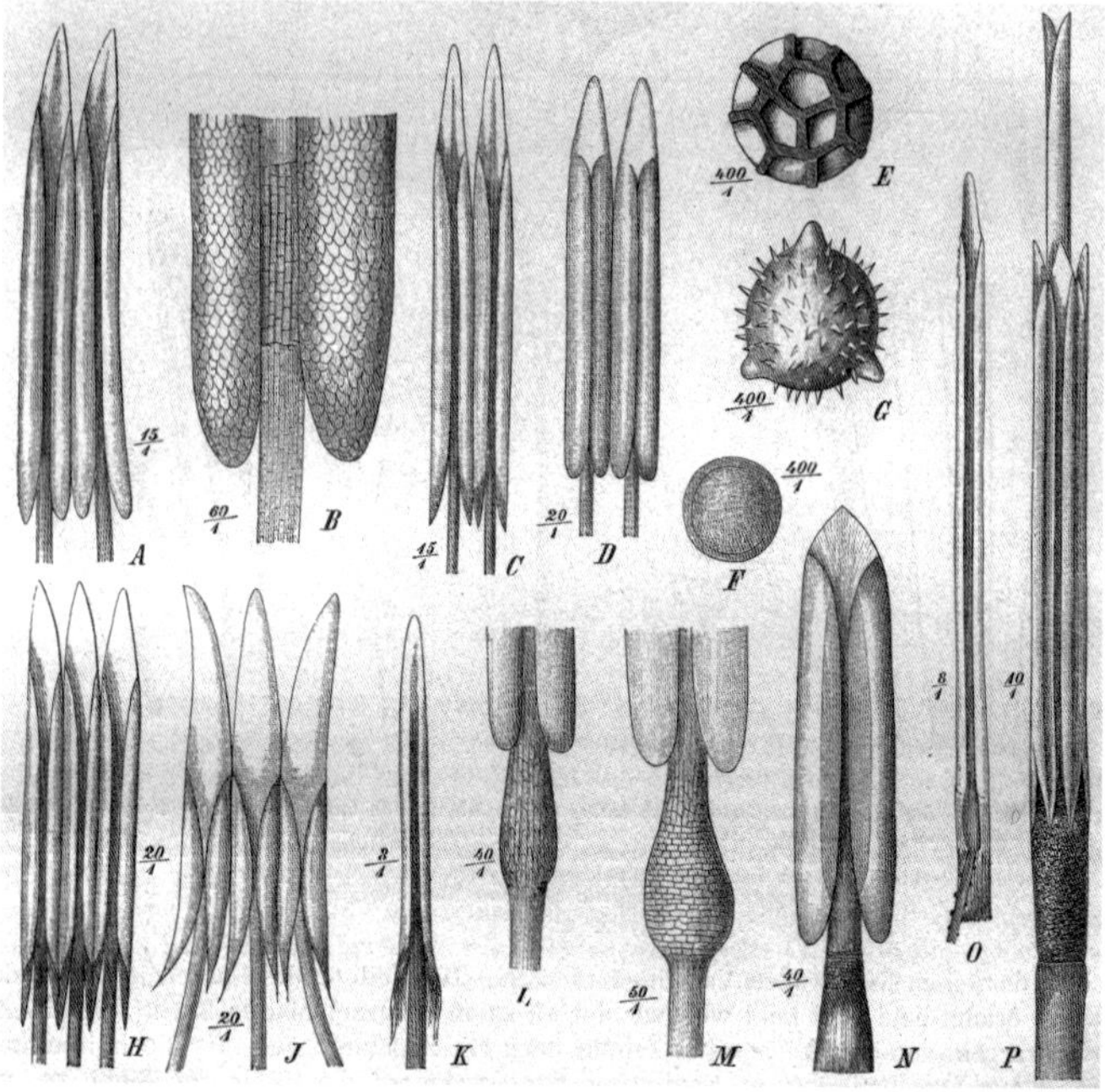

キク科植物のいろいろな葯

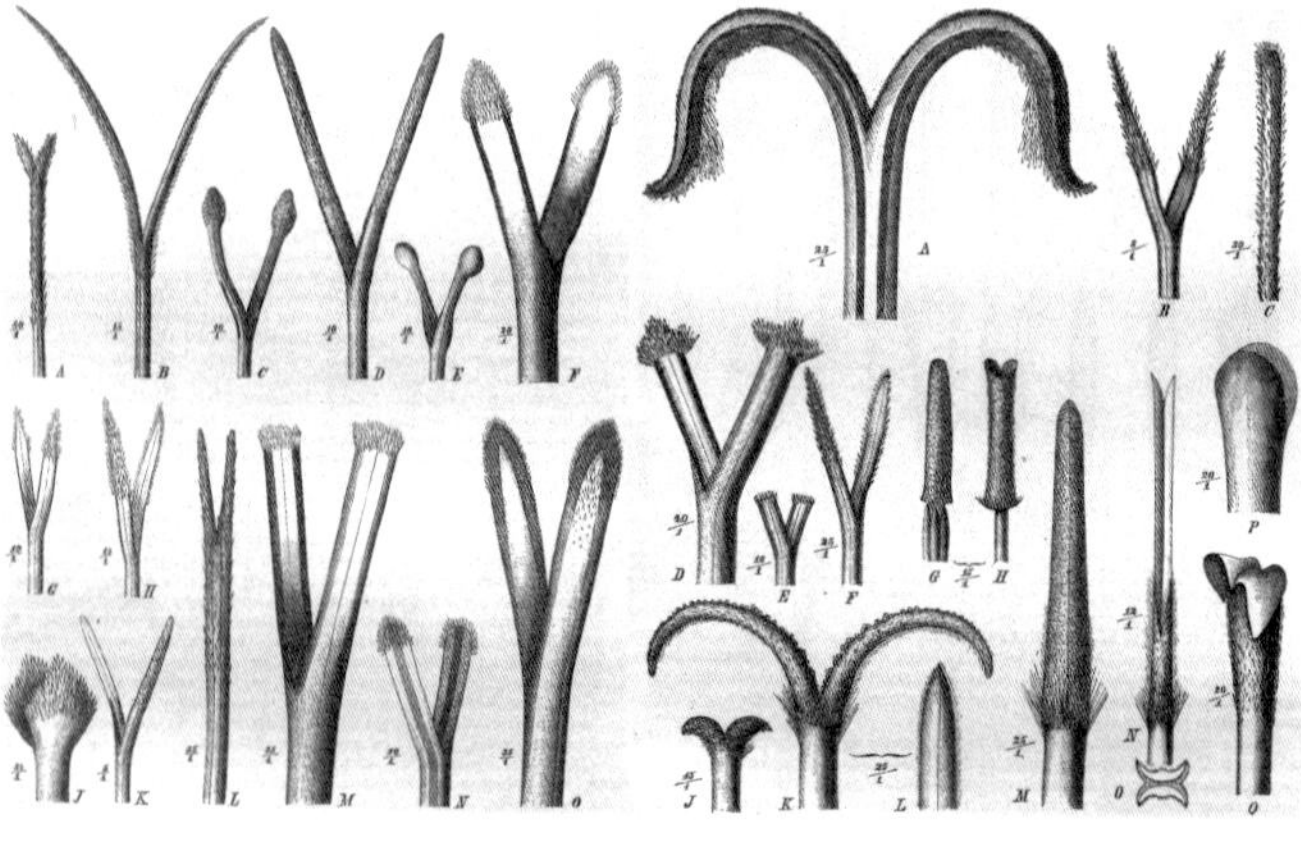

キク科植物のいろいろな花柱

く飾られたものや羽根をもつものもある。タネの表面はすべすべしていたり、うぶ毛のようなものがあったり粘液を出す腺毛《せんもう》があるものもある。南アフリカ原産で繁殖力の強いビトゥブッシュのように果肉のある果実をつけるものはめずらしい。ちなみにビトゥブッシュの果実は、ビーズのように連なって花のあった位置を囲むようにつく。

タンポポなどのタネについている冠毛は、風にのってタネを遠くまで運ぶ。子供時代に冠毛が集まった綿坊主を茎ごとちぎっては吹きとばして遊んだ人は多いはずだ。冠毛のついた細長いタネの先端には細かい毛が一重の輪になって生えている。キク科全体を見れば冠毛はなめらかなもの、トゲのあるもの、羽毛のようなもの、うろこのようなものなどさまざまで、生えている毛も柔らかいものもあれば硬いものもあり、1列だけのものもあれば何列も並んでいるものもある。

◉パズルのピースを並べる

キク科植物はより大きい分類である真正双子葉類《しんせいそうしようるい》に属している。真正双子葉類にはバラ、マメ類（エンドウ、インゲン、クローバーなど）、カーネーション、キャベツ、コナラなど私たちがよく知る植物の大半が含まれている。真正双子葉類に含まれるおよそ29万種の植物の約10パーセントがキク目に属し、ヒマワリのほかにもホタルブクロやミツガシワやグッデニアもそこに含まれる。[24] キク目のなかで現存する植物のうち、分類上ヒマワリにもっとも近い科は南米に分布するカリケラ科だが、これについてはまだよくわかっていない。

近代初期にキク科植物に見られる変種について整理しようと初めて試みたのはトゥルヌフォール

イギリスの春によく見られる一般的なタンポポの花とタネ

だった。[25] 彼は著書『基礎植物学 *Institutiones Rei Herbariae*』（1700年）で有名だったが、植物が有性生殖をするという説には激しく反対していた。[26] ドイツの植物学者ルドルフ・カメラリウスが『植物の雌雄に関する書簡 *De sexu plantarum epistola*』（1694年）で論じた植物の有性生殖を強力に支持したのは、トゥルヌフォールの弟子だったセバスチャン・ヴァイアンで、彼はそのため師のトゥルヌフォールの不興をかうことになる。音楽家としてキャリアをスタートさせたヴァイアンは後に医学に転じて外科医となり、最終的には植物学者になって王立パリ植物園で実地教育を担当し、人気を博した。

トゥルヌフォールは頭状花序がたくさんの小花から構成され、タイプの異なる小花がある場合もあると気づき、キク科植物を3つのグループに大別した。舌状花のない円盤型の花をもつもの、舌状花と管状花をもつもの、周辺花をもつものの3つである。それに対し弟子のヴァイアンは植物の雌雄に関心をもっていたから彼のキク科のグループ分けが小花の雌雄を重視していたことは驚くにはあたらない。しかし彼はキク科植物をアザミ類、チコリおよびレタス類とそれ以外のものという3つにも分類している。18世紀中頃のリンネはヒマワリとその仲間に関してはあまり興味を示さず、有性生殖の仕組みにもとづく彼の24分類のひとつである「雄しべの葯《やく》が合着《がっちゃく》している有性生殖」のグループに入れただけだった。

19世紀初頭、もうひとりのフランス人がキク科植物に関する私たちの見方を変えた。弁護士兼法学者だったアンリ・ド・カッシーニである。几帳面なカッシーニは仕事をきちんとこなしたうえで、余暇を使って自然界に対する自分の興味を追求した。「私は生きている人々のために全力で仕事に

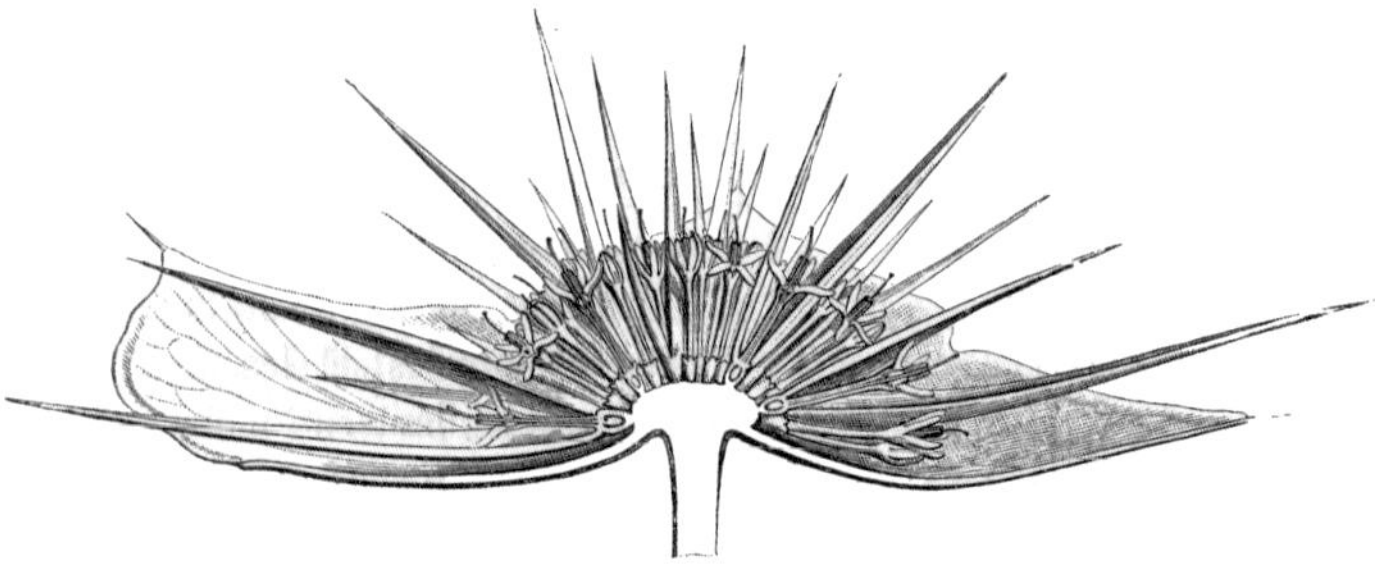

キク科に非常に近いとされているカリケラ科の花の断面。

励んでいる。しかし私のまわりには、感情はもたないものの常に変化し、優美であるもの〔植物〕が有り余るほどにある。私は憐れみを感じることなくそれらを切りきざみ、切り開き、細かく吟味するのだ[27]」。

カッシーニは22年間を費やしてキク科植物の花柱、葯、花冠、タネを体系的に、念入りに、微に入り細をうがって調査し、それまでは混沌として何もわからなかったところにひとつの秩序を見出すにいたった。そしてそれまでの研究者たちが考案した不自然な分類法でなく、もっと理にかなった分類法ができたと確信した。ところが研究仲間からこの分類法に文句をつけられたり、結論を馬鹿にされたり、評判に嫉妬されたりしたため、彼は学問の世界にすっかり嫌気がさしてしまい、51歳のときにコレラで亡くなってしまった。

しかしカッシーニが体系化したキク科植物の分類法は現在の分類の土台になっている。ほとんど顕微鏡だけをたよりに導きだした、正確な知識と精密な観察にもとづく彼の結論の正しさは、生化学的知識による裏付けや、電子顕微鏡、DNA配列の解析など現代のさまざまな方法を使って確認されてきた。カッシーニはカリケラ科がキク科にもっとも近い特徴をもつことも正しく認識して分類していた。

19世紀ドイツの植物学者クリスティアン・レッシングのキク科植物

クリスティアン・レッシングをたたえて名づけられたレッシンギアンサス属の花のタネ。

研究者としての輝かしいキャリアは、彼が25歳になるまでに終わった。彼はその後シベリアでビジネスを試みたが失敗し、経済的に行きづまってしまった。キク科植物の研究に励んだ短くも輝かしい日々に彼があげた功績は、さまざまな種がキク科に属することを植物学的に判断するための基準を初めて見出したことだ。レッシングとほぼ同じ頃、ドイツのバイエルンでは医師のカール・ハインリヒ・〝ビポンティヌス〟・シュルツが政治活動で逮捕され、投獄されていた。彼は獄中でキク科植物に興味をもつと刑務所の敷地内で育て、キク科に関する論文まで書きあげて発表した。3年後に釈放された彼は自分の罪を謝罪し、政治活動から「引退」して病院に医師として勤務するかたわら、余暇にキク科の研究を続けた。そして1867年に亡くなるまでのあいだに世界でもっともすばらしいキク科の標本集のひとつを作り上げ、キク科植物、特にチコリとレタスに関する論文を数多く発表した。

キク科植物の研究をしていたのはヨーロッパ大陸の学者だけではなかった。19世紀のイギリスでは、ジョージ・ベンサムがキク科をはじめ多くの科の植物の分類に貢献したことで偉大な植物分類学者とみなされている。20世紀初頭のアメリカではベンジャミン・リンカーン・ロビンソンがハーバード大学のグレイ植物標本館の館長職を引きつぎ、複雑なキク科ユリアザミ属を体系化する研究に取り組んだ。スペイン人植物学者ホセ・クアトレカサス・アルミはスペイン内戦のさいにフランコ政権下のスペインからコロンビアにのがれ、その後アメリカにわたった。彼はアンデス山脈北部のパラモ植生に含まれるキク科植物、特にフライレホンの研究に貢献した。アルゼンチンではスペイン人のアンヘル・カブレラが南米におけるキク科植物の研究で大きな功績をあげている。

●遺伝子の力

近年では、技術面および知識面における画期的な発明発見により、植物がどのように生きているか、植物と植物、あるいは植物と人間はどう関わりあっているのか、という問題についての理解が深まってきた。コンピューターのおかげで複雑な計算も容易にでき、厖大なデータを遠隔地とやりとりするのも当たり前のことになっている。地球上のどんな場所の画像もコンピューターで見ることができ、GPS機能のおかげで、フィールドワークで植物を採取した場所も簡単に特定できる。それればかりか植物学の最新の統一原理を研究することもできる。まさにかつてないほどの驚くべき進化だ。チャールズ・ダーウィン、アルフレッド・ラッセル・ウォレス、それにオーストリアの修道士グレゴール・メンデルが教えてくれた自然界の生物の変異、遺伝情報の世代から世代への継承、環境に適応するために時間をかけて進められる遺伝子型の取捨選択という概念は、生物の多様性に対する私たちの理解を進めてくれた。

植物の遺伝子はDNA分子の二重らせん構造に沿って配列され、DNAは細胞内にある染色体の中に絡みあって収められている。一般にキク科の植物では花粉の精細胞《せいさいぼう》と胚珠《はいしゅ》の卵細胞《らんさいぼう》以外のすべての細胞の中に2組の染色体、つまり2組のゲノム（遺伝情報）がある。このような植物を2倍体という。たとえば栽培種のヒマワリの細胞には、17個の染色体をもつゲノムが2組、合計34個の染色体がある。2倍体のヒマワリの場合は遺伝子が2種類あり、その性質が個体に現出するものを優性遺伝子、もう一方を劣性遺伝子という。2種類の遺伝子が同じ種類ならその個体は同質であるといい、優性と劣性の遺伝子をひとつずつもてば異質という。

いつもは黄色い花を咲かせる遺伝子が、たまたま突然変異で白い花を咲かせる遺伝子になったらどうなるか。黄色が優性遺伝子なら、黄色い花を咲かせる遺伝子をふたつもっている同質の花なら、ひとつが白にかわってももうひとつの遺伝子は黄色だから黄色い花が咲く。しかしもともと白と黄色という異質の遺伝子をもってその黄色が白の遺伝子に変異したなら遺伝子は白ふたつになって白い花が咲くことになる。このような遺伝子の組みあわせのパターンを遺伝子型といい、遺伝子型と環境の相互作用で現れる性質を表現型という。そして19世紀後半にメンデルが証明したように、遺伝子型の異なる植物を交配した結果生じる表現型は予測可能なのだ。

2組以上のゲノムをもつヒマワリを倍数体という。ゲノムが4つなら4倍体、6つなら6倍体だ。3倍体など奇数のゲノムをもつものは一般に種子を作ることができない。この倍数性は植物を進化させる主要な要素である。[28] 有性生殖をした場合に現れる遺伝形質は一般に予測が難しいが、それは遺伝形質の多様性を維持する手段のひとつなのだ。

DNA配列のデータが蓄積されることで、古典的な形態学的方法で分類されてきたキク科植物の分類を見直すことができるようになった。そして1980年代後半に行われたDNAにもとづくキク科の研究によって、その他すべての顕花《けんか》植物についても進化を知るためのDNA研究の可能性が開けた。小さなDNAのなかには、さまざまな種《しゅ》のあいだの進化関係を解明する手がかりがあるのだ。植物のDNAはひとつの細胞内の3つの場所、すなわち核、葉緑体（光合成をする場所）、ミトコンドリア（摂取した食物から体内で使うためのエネルギーをとり出す器官）にある。それぞれの場所のDNAは別々の起源をもっていて、そのおかげで進化についてのいろいろな疑問を解決する助けになる。単純に言えば、核のDNAは親である植物の雄しべと雌しべ（あるいは雄花と雌花）の両方から受けつぐが、葉緑体とミトコンドリアのDNAはどちらか一方（通常は雌）から受けつぐ。DNAには植物の進化についての研究に利用できる何千もの遺伝形質が収められており、形態学、解剖学、生化学よりはるかに多くのものを提供してくれるはずなのだ。

DNAを解析すれば表面的にはまるで異なるキク科の種と種を比較することもできるだろう。その場合に重要になるのは、必要な調査にとって適切な進化の過程にあるDNA配列を見つけることだ。進化のスピードが速すぎると過去のつながりが消えているかもしれないし、遅すぎれば最近の関係がまだ見られないかもしれない。

◉新しい秩序

現在キク科の植物は12の亜科、42の連《れん》に分類されている。ただし大半の種は３つの亜科に集中して属している。キク亜科（20連、約１２００属、１万６０００種あり、ヒマワリ、マリーゴールドを含む）、チコリ亜科（7連、約２５０属、２８００種あり、レタス、ノゲシを含む）、アザミ亜科（4連、約80属、２５００種あり、アザミ、ヤグルマギクを含む）の3つだ。[29] １９８０年代中頃から、南米原産のバルナデシア亜科（Barnadesioideae 9属、90種）が、キク科植物の進化をたどる系統樹としてはまっ先に分岐したものではないかと言われている。バルナデシア亜科以外のキク科植物は葉緑体にあるひとつの大きなDNAが他のすべての顕花植物と逆の位置にあることがわかったからだ。[30] このような突然変異はめったに起こるものではなく、おそらくはキク科の他の植物とバルナデシア亜科とが分岐したときに一度だけ起こったものと思われる。

バルナデシア亜科と南米原産の他の５つの亜科（約50の属、およそ８００種を含む）は葉が根元から分かれているという共通点でひとつのグループを作っている。キク科の中心をなしている３つの亜科（キク亜科、アザミ亜科、チコリ亜科）と3つの小さい亜科（合わせて6属、9種）はキク科の分布域に広く分布しているが、亜科を分類する厳密な基準やそれぞれが含む種の数については今も活発な論争が続いている。

ＤＮＡ配列の突然変異が１００万年に１回起こると仮定すると、種と種のあいだに見られる突然変異の数を数えれば、それらが共通の祖先からいつ頃分かれたかを知ることができるだろう。ＤＮ

キク科のうちでも代表的な６つの亜科。左上から右へ、左下から右へ：キク亜科、チコリ亜科、アザミ亜科、バルナデシア亜科、ムティシア亜科、スティフティア亜科の代表的な植物。

ヨモギギク属に近いとされているカナリア諸島の固有種 *Gonospermum fruticosum*

Aの一部に突然変異が起こるたびに分子時計の目盛りがひとつ進むと考えるのだ。何百万年も前に起こったDNAの変異を調べるには分子時計の目盛りが動いた順序を知る必要がある。化石は年代を特定できるので、それを知るための重要な手がかりになる。

植物の化石には葉、木質部、花、果実、花粉などのものがある。花粉の外側の膜にはスポロポレニンという化学的に不活性で非常に安定したポリマー（分子がふたつ以上結合したもの）が含まれている。これは化学物質や菌類や細菌によって分解されにくく、土壌や堆積物の中で何百万年も変化せずに残る。しかも花粉の外膜には植物の科が、場合によっては属までもが特定できる特徴がきざみこまれているのだ。

南米南端部パタゴニアの北部の岩から発

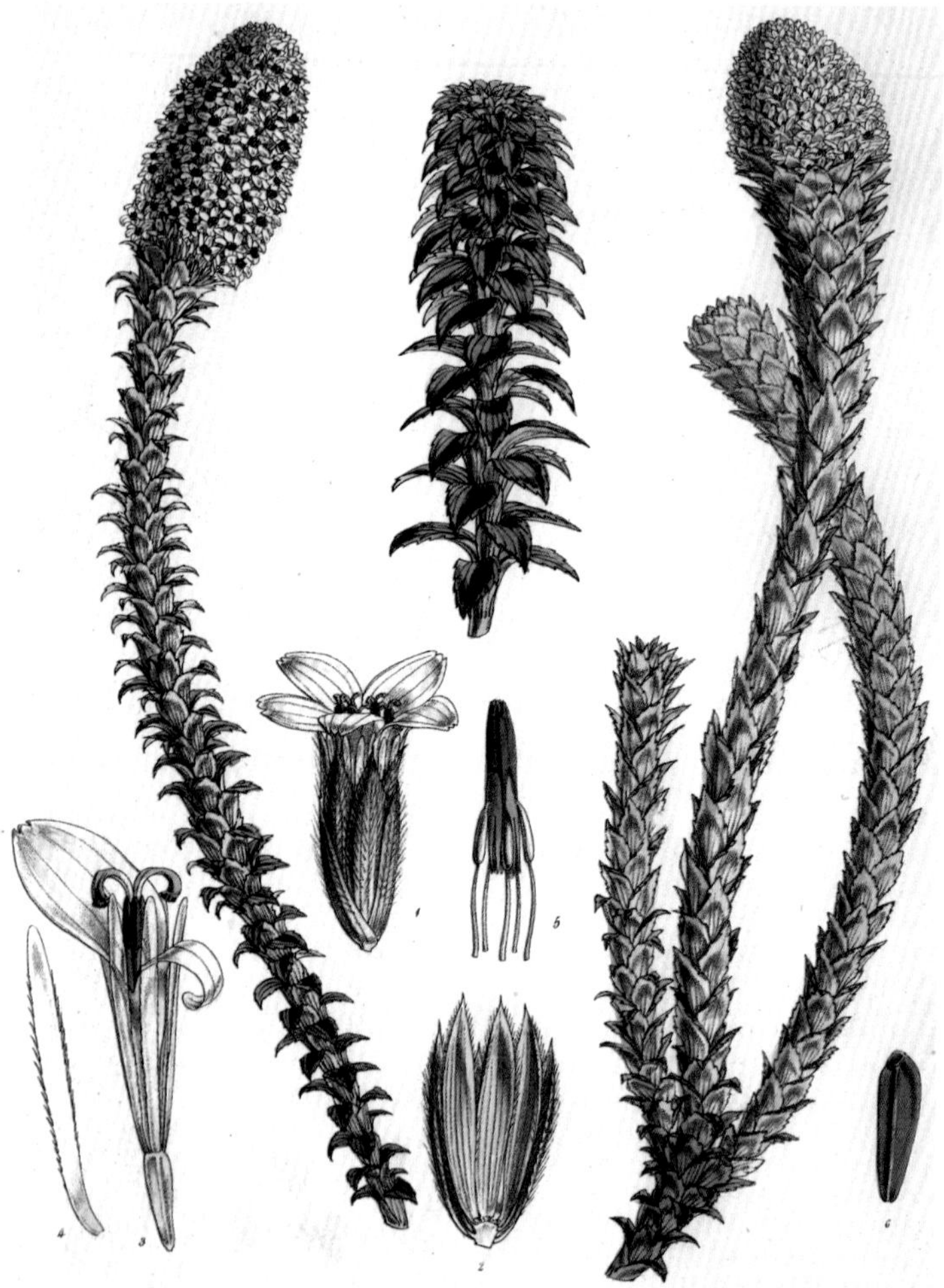

フォークランド諸島の固有種であるトラノオの一種。1839年から1843年にかけて南極地方への遠征を行ったジョゼフ・フッカーが採集したもの。

見されたキク科植物の花のすばらしい化石は、４７００万年ほど前のものであるとわかっている。[31]南極の堆積物の中から発見されたバルナデシア亜科の花粉の化石はさらに古く、６６００万年から７６００万年前のものと見られている。[32]キク科植物は恐竜が歩きまわっていた頃からあったのだ。

これまで明らかになった年代から考えると、キク科植物は誕生して数百万年後、気候が温暖化し、他の顕花植物も多様化し始めた頃に種の分化を始めたものと思われる。キク科のうちでも早い時期に生まれた亜科の現在の分布域を考え合わせると、キク科植物は南半球の標高の高い地域で誕生した可能性が高い。

◉ヒマワリとその仲間

ヒマワリ属とその仲間は、キク科最大の亜科であるキク亜科のヒマワリ連に分類される。ヒマワリ連には１１３属、約１５００種が含まれている。そのほとんどは南北アメリカ大陸の原産だ。[33]ヒマワリ連にはヤグルマギク、ムラサキバレンギク、ブタクサ、ツキヌキオグルマなども含まれている。一般的なヒマワリにもっとも近いのはフロリダ原産のキクイモモドキ属で、これには2種の草状植物が含まれている。[34]

ほとんどの人のヒマワリに対するイメージは、背の高い1本の茎の先端に、ディナー用の皿ほどの大きさをもつ明るい黄色の花を咲かせる一年生植物というものに違いない。しかし実際にはこのイメージの通りではないヒマワリもたくさんある。多年生のヒマワリもあるし、茎が枝分かれしていて高さは2～30センチにしかならないものもある。花の色も、クリーム色から黄色、オレンジ色

ヒマワリ属のいろいろ。左上から時計まわりに：ジャイアント・サンフラワー（*Helianthus giganteus*）、ヒメヒマワリ（*H. debilis*）、ヘリアンサス・ムルティフォルス（*H. multiflorus*）、ヘリアンサス・ディフサス（▽ H. diffusus △）。

から赤、さらにはワインレッドまであり、ほとんどの種《しゅ》は花の直径が15センチを超えることはない。

北米におけるヒマワリ栽培のエキスパートであるチャールズ・ハイザーとその同僚が1969年に描いたヒマワリ属を紹介する絵は美しく魅力的で広く普及したが、あまり正確ではなかった。[35] 彼は1960年代における最新の形態学、解剖学、生化学細胞学などの成果や栽培実験から得られた成果をもとにヒマワリに関する著書を書いた。しかし当時の科学技術ではヒマワリの種としての範囲を規定することは容易ではなかった。生育環境による発育の違い、交雑の詳細、そしてヒマワリだけがもつ遺伝的特徴などがよくわかっていなかったのだ。

1980年代になり、DNA配列の調査が容易にできるようになると、ハイザーたちが直面した問題は遺伝学的に説明できるようになった。野生のヒマワリの環境への適応と個体の変化に影響する重要な要素は、交雑と染色体の転位だったのだ。交雑とは異なるふたつの遺伝子配列がひとつに混じりあうことで、異なる種どうしが交配することで起こる。20世紀初頭以来、アメリカのヒマワリの新種に関する詳細な研究が行われ、ヒマワリの種の進化に対する理解は大きく進んだ。20世紀中頃のソヴィエトでは栽培家たちによる人為淘汰の結果、高価格で売れる一年生ヒマワリの新種が誕生している。

◉交雑

2種の植物の交雑はよくあることだ。植物相に関する研究では世界的に見ても先進的といえるイギリスでは、交雑で生まれた900種以上の植物が庭や野原で育っている。[36]

それらの交雑種の約6パーセントはキク科だ。多くはイギリス原産のものどうしの交配か、イギリス原産のものと外来種とが交配したものである。ある植物がイギリスに持ちこまれ、その後長いあいだ、それがイギリスのキク科の植生に影響を与え続けた例がある。その植物とは、オックスフォードサワギクだ。18世紀初頭にシチリア島からイギリスに持ちこまれてからというもの、オックスフォードサワギクはほぼ時を同じくして起こった産業革命の広がりとともに、4つの新種を生みだした。そのひとつはウェールズ地方の固有種、ウェールズサワギクだ。

4つの新種のうちの3つまでは同じ組み合わせの交配――倍数体のオックスフォードサワギクと4倍体のノボロギクの組みあわせ――から生まれ、遺伝的見地から新種と認められた。6倍体のウェールズサワギクは20世紀初頭に生まれ、両親種と交配しても種子ができなかったので、ウェールズ以外の土地に広まることはなかった。その後ウェールズサワギクは1970年代にエディンバラで別の進化をとげたが、その種は野生種としては絶滅したようだ。[37]

もっと生育地を広げたのが4倍体の放射状ノボロギクで、これは19世紀中頃ダブリンで初めて発見され、今ではイギリスの多くの場所の空き地で見ることができる。このノボロギクはオックスフォードサワギクとノボロギクが交配してできたものの子孫がノボロギクと交配を繰り返して生まれたもので、ひげ状の冠毛のある小花をもつ普通のノボロギクに似ている。[38]

4倍体の放射状ノボロギクとサワギクとのもうひとつの交雑種は、絶滅はしていないとしても生育域の非常に狭いヨークノボロギクだ。これはまた少し異なる遺伝的ルートで進化した。[39] これは野生のサワギクとノボロギクのあいだで何度も自然に交配が試みられた結果、たまたま植物学者の目

オックスフォードの中心街で建物の建築中の土地に隣接した空き地にたまたま4種のキク科植物が並んでいた。奥から順にノボロギク、オニノゲシ、ブリストリー・オックスタング、タンポポが見られる。

にとまるほどの差異が生じて新種として名づけられたものと思われる。
4番目の交雑種はオックスフォードサワギクと外来種のスティッキーノボロギクとが交配したもので、3倍体なので種子を作ることができない。これは第二次世界大戦で空爆されて空き地になったところや荒れ地によく生えていた。[40]
倍数性に関連した進化のほかに、倍数性とは無関係に種の進化が起こることもある。両親が同じ倍数性をもつ種どうしの交配による進化については、ヒマワリを対象にした先駆的な研究が行われている。1980年代初めから、コンピューターによるモデル化、遺伝子マッピング、交雑種の実験的再現、進化の過程の調査などを利用してヒマワリ属の進化の詳細の一部が明らかになりつつあるのだ。[41]
北米では約20万年におよぶ一般的なヒマワリとプレーリーヒマワリとの交配によって、2倍体の交雑種が進化してきた。この交雑種の両親は異なる生育環境下にある。一般的なヒマワリは粘土質の密な土壌で育ち、プレーリーヒマワリは乾燥した砂地で育つが、2種類の土壌が入り混じって存在するアメリカ中西部でこの2種が出会い、両者の中間のような植物が生まれた。一回一回の交配が遺伝子にとっての実験となり、交雑種の染色体で遺伝子のシャッフルが行われた。そうしたシャッフルが何十世代も繰り返されるうちにこの動きは落ち着いて、両親とは明らかに異なる3つの新種が生まれた。
3つのうち、デザート（砂漠）ヒマワリと砂丘を好むウエスタンヒマワリはユタ州とアリゾナ州北部に生育地が限られる一方、塩性湿地に育つパラドクスヒマワリはテキサス州西部とニューメキシコ州で生育している。それぞれの種は進化した場所の環境に適応した特徴をもっている。ウエスタンヒマワリの大粒のタネは風に吹きとばされることがなく、種子が根付いてからの養分を十分に供給して成長を促進する。多肉質の葉は水分をたっぷりたくわえることができ、砂混じりの風が吹きつけても摩耗しにくい。塩分を含む土壌に生育するパラドクスヒマワリは多肉質の葉をもつほかにも、生育のさまたげとなるナトリウムイオンの吸収を少なくする仕組みをそなえている。

　同倍数の親から生じた種の分化が見られるのはヒマワリだけではない。オックスフォードサワギクも同倍数の両親から生まれた新種だ。両親はシチリア島のエトナ火山の、一方は頂上付近、他方はすそ野で生育している。その中間あたりの場所で出会った両親が交配したのである。[42]

　ダーウィンとウォレスが生みだした進化論の正しさはもはや疑いようがない。今や私たちは地球上のあらゆる生物のDNAコード（遺伝子の暗号）を読みとることができるようになり、そのおかげで進化の系統の理解が大きく進んだ。今ではさまざまな種の起源を知り、その種が広まった道すじを調べることができる。さらに、さまざまな生物の遺伝構成を理性にもとづいて操作することも可能になった。キク科植物がいかに多様化し、地球上のほとんどの地域で繁茂しているのは何故か、という興味深い問題については次章にゆずることにしよう。

第3章　環境への適応

エーデルワイスは稀少な花ではない……しかし採集しようと思って出かけてみても、簡単にはお目にかかれない……エーデルワイスは他の植物が生きられないような、乾燥した岩だらけのところにしか生えない。そのような場所は少ないから、エーデルワイスは限られた場所だけにある植物なのだ。もっともそのような場所さえあれば、そこに驚くほどたくさん生えているのだが。

――エドワード・アーバー『スイスアルプスの植物 *Plant life in Alpine Switzerland*』（1910年）[1]

気温、降雨のパターン、土壌の種類によって世界の植生［一定地域に生育する植物の全体］はツンドラ［凍土帯］性、森林性、草原性、砂漠性の4つに大きくわけることができる。南北両極から赤道に向かって見ていくと、超低温のため植物が生育できる期間が限られている極地の氷床《ひょうしょう》を越えたところにツンドラがある。さらに赤道に向かって行けば徐々に平均気温が高くなり降水量が増し、

「鍬をもつ男」ジャン＝フランソワ・ミレー（1860～62年）。アザミとタンポポがしげる荒れ地を耕す農夫を描いたもの。

植物が生育できる期間が長くなって針葉樹林、温帯性広葉樹林が現れ、さらに進めば亜熱帯もしくは熱帯性の森林に代わる。降水量が少ないか、限られた時期にしか雨が降らないせいで植物の生育期間が短いところは草原もしくは砂漠となる。

キク科植物が環境に適応する能力に優れていることは明らかだ。キク科植物はほとんどどんな環境下でも繁茂することができる。南極以外の大陸なら4つの植生帯のどこであろうと、海抜ゼロメートルから6000メートルまでの環境下で生きられる。自然環境が破壊されているところでも、キク科植物は人間に混じってうまく生きのびてきた。人類が火を使い、畑を耕し庭を造り、糞尿をため、ごみの山を築き始めて以来ずっと、キク科は間違いなく私たちの生活の一部にあった。

キク科のうちでもいわゆるヒマワリに近い種の場合、その多くは草本だがスカレシア属のように木になるものもある。スカレシア属はガラパゴス諸島の固有種で、ガラパゴス諸島のさまざまな地域、さまざまな環境に適応して進化し、種が分化したものだ。ダーウィンフィンチ〔ガラパゴス諸島にはさまざまな種のダーウィンフィンチ類の小鳥が生息している。ダーウィンがガラパゴス諸島でこれらの鳥を見たことが、進化論の着想につながったとも言われている〕の植物版とも言えるだろう。[2]

大洋の島々には木になるキク科植物がたくさんある。たとえば南大西洋のセントヘレナ島には英語名が「女性のキャベツ She-cabbage」というラカノデス・アルボデアと、英語名が「男性のキャベツ He-cabbage」であるプラダロキシロン・レウカデンドロンというキク科の木の固有種がある。このふたつは名前が似ているが別の属だ。[3] 太平洋に目を向ければ、ハワイ諸島の固有種である低木ギンケンソウがある。

マカロネシア〔ヨーロッパや北アフリカに隣接する大西洋の島々の総称〕ではノゲシ属がそれぞれの島のそれぞれの生育環境に適応して30種以上に分化している。[4] ダーウィンは『種の起源』〔渡辺政隆訳／光文社古典新訳文庫／2009年〕で大洋の島々に見られるキク科の木の多くは、他の地域では草本に属していると書いている。マカロネシアの島々に見られるノゲシ属のさまざまな木は、近隣の大陸から渡来した1種だけの祖先から進化したものだ。その進化の痕跡はDNAだけでなく木質部の構造にも見られた。[5]

ヴィクトリア朝時代（1837～1901年）の植物採集家リチャード・スプルースは、19世

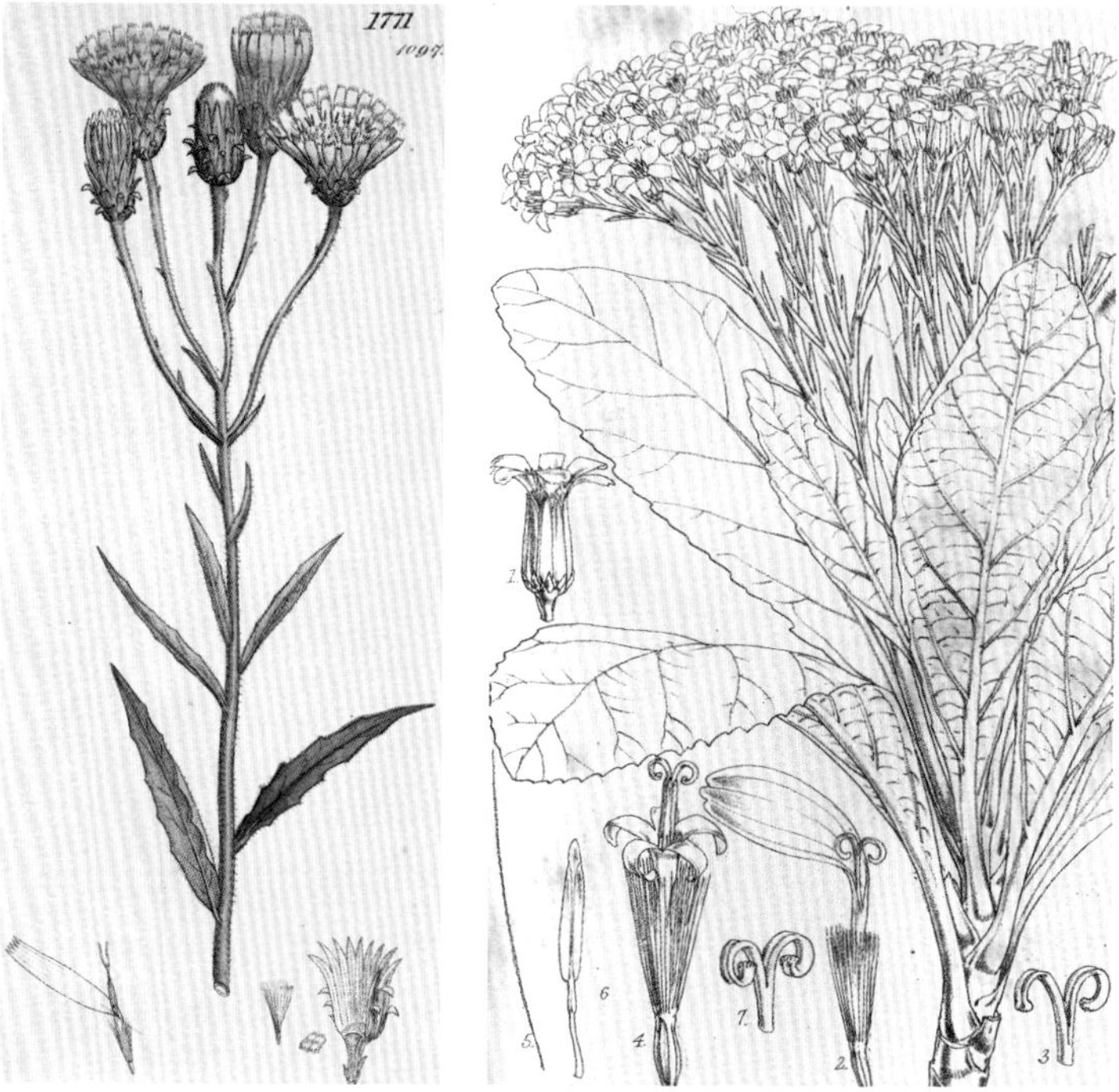

左：細い葉をもつミヤマコウゾリナ。温帯北部に広く分布し、細胞学的、形態学的に見て複雑なパターンの変種がある。　右：「男性のキャベツ」の木。キク科の木本。大西洋のセントヘレナ島の固有種。

カナリア諸島に自生する木の形のノゲシ

紀初頭にドイツの探検家兼博物学者のフレクサンダー・フォン・フンボルトがもたらした世界の植物分布に関する広範な知識に接していた。[6] そのスプルースが19世紀中頃に行った11年間におよぶアマゾン川流域探検の記録は、南米大陸北部の自然とそこに住む人々に関する多くの知識をもたらしてくれた。彼はそのなかで、キク科植物が生育地の高度によっていかに多くの種に分化しているかを驚きをこめて報告している。

草原地帯で採集していただけだったとしたら、アレクサンダー・フォン・フンボルトがあれほど多くの赤道近くに生育する植生をキク科に分類した理由を、私は理解できなかっただろう。アマゾン川の河口からオリノコ川の急流地帯、そしてアンデス山脈のふもとまで旅をしても……目にしたキク科植物は熱帯アメリカで普通に見る草本だけだったのだから……ところがアンデス山脈を登っていくと、標高360メートルあたりから少し進むごとにキク科植物の数と種類が増していくのだ……木々が茂っているなかに、多くの木がかたまっているところでなく小さな木立があちこちにあるような場所では特に、キク科植物は他のどんな科の植物よりも繁茂していた……しかしパラモ［高度が森林限界を超える高原］から上では低木も姿を消し……草本の高山植物が……雪線［万年雪のある雪原の下限］に到達する。[7]

20世紀初頭、北米の植物学者ジェイムズ・スモールは、キク科植物は高山とともに、高山によって、高山のためにできた、とまで言っている。[8] しかしキク科植物の種の分化は高山だけで起こるわけではない。南米の中心部に広がるサバンナ（熱帯草原）に見られるセラードという世界でもっとも多様性に富む乾燥地性の植生では、約10パーセントがキク科なのだ。[9] キク科植物は世界中の砂漠でもっともよく見られる植物であり、砂漠に育つ植物全体の10パーセント以上を占めている。オーストラリア、南アフリカ、北アメリカの砂漠に限れば20パーセント以上だ。[10] 南アフリカを探検していたイギリスの博物学者ウィリアム・バーチェルは、1811年9月にこう書いている。

ロッヘヴェルト山から植民地の北部国境まで［カルー地方］……は川がほとんどなく、わずかな水も夏は完全に干上がってしまう。草木は非常に少ない。それでも、一年のほとんどは水気がなくむき出しになっている赤土から顔を出している低木の茂みがいたるところをおおっている。茂みの高さはせいぜい50センチほどで、生えているのはほぼ例外なくキク科の植物である

西アフリカ沖合にあるテネリフェ島の固有種アルギランテムム・テネリファエ。庭に咲くマーガレットと同属。テネリフェ島中央部にあるテイデ山（標高3718メートル）の2300メートル地点付近。

……。しかしそれはこの地ではめずらしいことではない。それらは非常に小さく乾いた葉をもっている。[11]

キク科植物がこのような自然環境で生きのびるためには、子孫を増やすための休眠芽《きゅうみんが》［いったん形成されたのち成長を止めて休眠している状態の芽］を大切に守る必要がある。休眠芽はおもに茎につくが、それ以外の場所につくこともあり、時期が来れば新しい葉や花になる。タネは動く休眠芽とも言える。20世紀初頭、デンマークの生態学者クリステン・ラウンケルは休眠芽のつく位置によって植物を分類した。[12] 休眠芽は、大まかにいえば茎の地上から高い位置か、地表に近い位置か、地中につく。生育に適さない環境下では、多年草は茎や葉を地上に残したまま耐えるものと根だけ残るものとに分かれる。前者は休眠芽を地上に出したまま、後者は地表ギリギリか地中で休眠させておく。いずれにせよ休眠芽の中で新しい世代は時を待つ。

タネが自分の生まれた場所から動かずにいれば、そのまま死ぬか、発芽するか、休眠したままかのどれかしかない。多くの動物と違い、植物は環境が生育に適さなくても移動することはできないから、それ以外どうしようもない。もちろんあまりにも長く厳しい環境が続けば、けんめいになって少しずつそれに適応することはある。キク科植物が直面した困難のなかでも特に厳しかったのは、高地で生き抜くこと、水が十分でないこと、火事の恐怖があることだ。

◉困難を克服する

植物がどこで生きるにしても、生き続けるためには仲間の数を維持する、あるいは増やすことが必要だ。植物を増殖させるいちばん簡単な方法は体の一部を切り離し、それを地中に根付かせることだ。園芸業者はこれをせっせとやって植物を増やしている。しかし残念なことに、その方法で増やした株はすべて親と同じ遺伝子をもつクローンであり、たまたま病気が流行したりすれば全滅する可能性もある。多様な遺伝子があれば、環境が変化してもどれかが生き残る可能性が高い。遺伝子の多様性を維持するための手段が異系交配《いけいこうはい》だ。

花は異系交配をするための器官である。生殖するための機能をそなえ、美しい姿や良い香りや花粉や蜜のようにエサになるものを用意して、花粉の運び手を招きよせる。キク科植物では、頭状花序全体が昆虫を呼びよせる働きをすることが多い。もっとも高山に咲くエーデルワイスの小さな頭状花序の場合は、花粉を運ぶアブは普通なら蜜の香りがするところからかすかに臭う悪臭に引き寄せられるという。[13] 雄しべと雌しべの両方を備えた花には、自家受粉や近親交配を避けるための巧妙な仕組みを備えているものもある。

西ヨーロッパの夏の朝、夜明けから少し時間がたつと緑におおわれた芝生の多くに白いまだら模様が現れる。これはは日の出とともに花を咲かせるデイジーのしわざだ。デイジーという名前は古英語の「昼間の目 daeges eage」から来ている。キク科植物の多くが同じように日中に花を咲かせる。キバナムギナデシコの英語名が「ジャックは正午に寝床に入る Jack-go-to-bed-at-noon」なのも、夏の早朝に花が開き、たいてい正午頃にはしぼんでしまうからだ。

リンネは大きくてよく目立つ明るい色の舌状花をもつキク科の花が開いたり閉じたりするのを見れば時計代わりになると書いている。[14] リンネのリストによればタンポポは9時に花を閉じ、レタスはその1時間後、クレピス・アルピナは11時には閉じる。ノゲシは正午に、それからスムースキャッツイアー、ウォールホークウィード、オータムホークビットが1時間ごとに閉じて3時になる。そして5時にはヒエラシウム・ウンベラタが閉じる。リンネは実際にこれらの花を植えて花時計を作りはしなかったが、植物園のなかには花時計を作っているところもある。しかし現実には花時計が正しく時を知らせるのは難しい。[15] それはそうだろう。花が開く時刻は花の種類だけでなく、季節や昼間の長さなどいろいろな要素の影響を受けるのだから。

キク科植物の大部分は昆虫、特にチョウ、スズメバチ、ミツバチ、アブ、甲虫類によって花粉が運ばれ、昆虫はその見返りにエサをもらう。[16] しかし見返りはエサだけとは限らない。南アフリカに生育しているビートルデイジーという花はセックスアピールでツリアブという昆虫のオスを引きつける。[17] この花の舌状花は形や数や色は驚くほど多様なのだが、どれも必ず雌《めす》のツリアブに似た黒い斑点がいくつもあるのだ。すると、それにひっかかって斑点と交尾しようとする雄《おす》もいて、その体に花粉をつけて別の花まで運ぶというわけである。

動物に花粉を運ばせるキク科植物もある。[18] アイランドアスターやコスモスに似た花の咲くタウコギ属の仲間などのハワイ諸島の固有種やアルゼンチンの低木ヒアロセリス・ルビクンダなどは、鳥に花粉を媒介させている。南米に見られる、背が高くてトゲをもつバルナデシア・カリオフィラは、長いチューブ型の赤みがかった頭状花序に甘くねばねばした蜜をため、それを目当てにやってきたハチドリに花粉を媒介してもらう。ベネズエラの低木ゴンギロレピス・ジャウアエンシスは、コウモリに花粉を媒介させるめずらしいキク科植物だ。南アフリカの固有種であるオルデンブルギア属の4つの種はどれも齧歯類《げっしるい》（ネズミやリスの仲間）などの哺乳動物に花粉を媒介させている。

キク科植物のなかにはヨモギやブタクサのように、たくさんの花粉を空中に漂わせてあとは風に運ばせるものもある。花粉を運ぶ動物がめったにいない場所に育った植物にとっては、風も花粉の大切な運び手だ。たとえば海抜4000メートル以上の高地に育つベネズエラのフライレホンの花粉を運ぶのは風だが、より低い場所に育った種《しゅ》の花粉はおもに昆虫が運ぶ。[19] キク科植物のなかには、タンポポやミヤマコウゾリナのように仮に受粉しなくてもタネを作ることができるものがある。そのような植物には、雌しべの組織だけでタネを作るアポミクス（無配偶生殖）という仕組みがあるのだ。[20]

受精に成功した小花はすべてタネをひとつ作る。ひとつの頭状花序全体では種子をひとつもつタネ（果実）が何百個もできることになる。私たちがいちばんよく見かけるキク科のタネは、子供が吹きとばして遊ぶタンポポの綿毛《わたげ》だろう。ちなみにブラジルの外来種のタンポポは、風にのってふらふらと漂うタネのようすから「男の愛 amor-dos-homens」という名で呼ばれている。個々のタネは風にのってばらばらに散らばっていき、それぞれに適した場所に根を下ろすので、狭いところにかたまって互いの成長を妨げる可能性は小さくなる。

パラシュートと同じで綿毛も表面積が大きいのでなかなか落ちない。つまり、生まれた場所から

南米原産の茎がはい伸びる植物ムティシア・コッシネアのタネの冠毛。このタネは直径10センチになることもある。

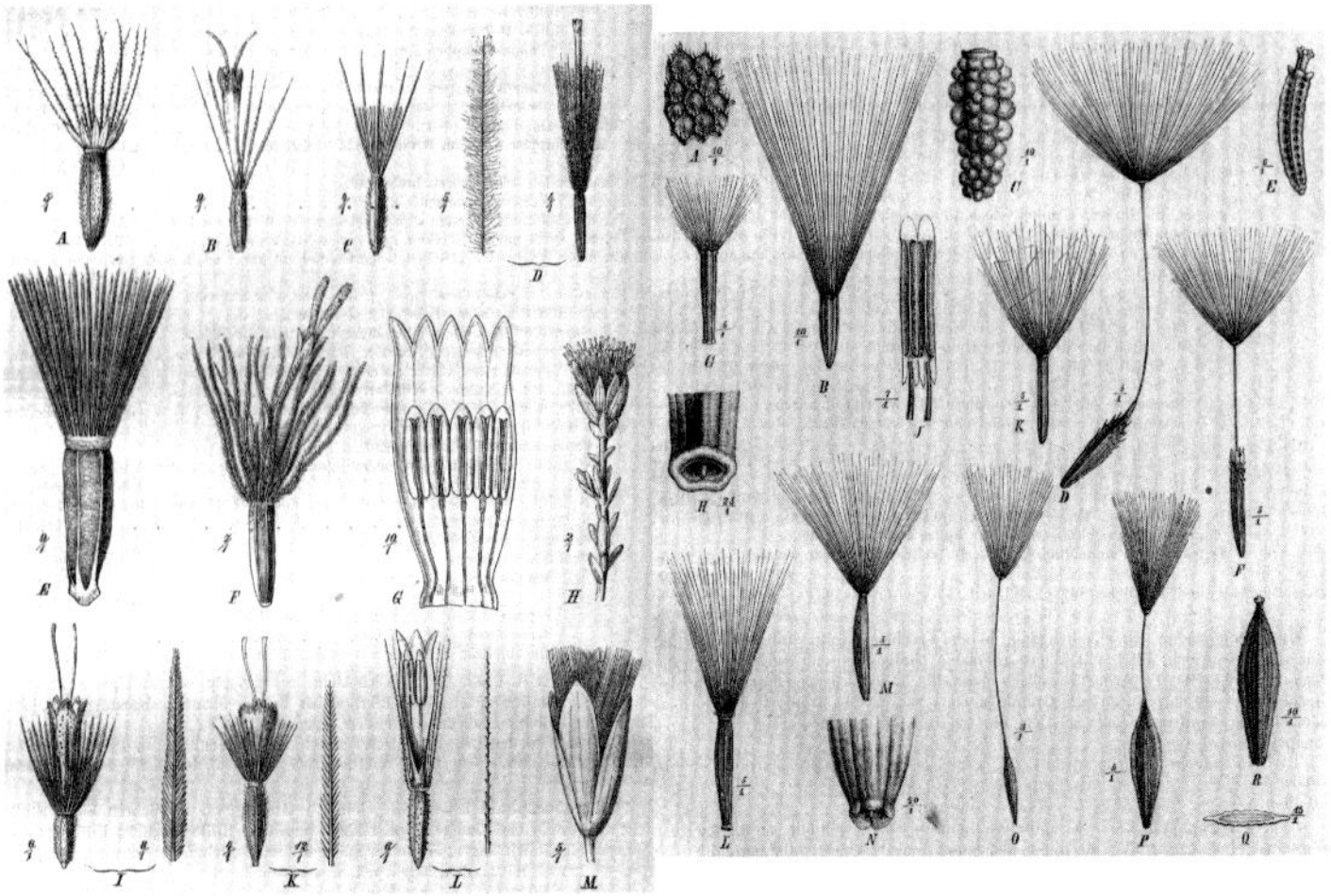

キク科植物のいろいろなタネと冠毛

遠くまで飛んでいくことができるわけだ。しかもこうしたタネは非常に安定した飛行ができる構造になっている。とはいえ、同じキク科でも種によってタネの形や大きさなどはずいぶん違う。冠毛《かんもう》（俗にいう綿毛）が少ししかない、あるいはまったくないものもある。ヒマワリがそうだ。冠毛が2列以上並んでいるものもあればうろこや歯のような形になっているものもある。こうした違いとタネが親から離れた場所の高さ、その時の空気中の湿度などがあいまって、タネがどこまでいくかが変わってくる。[21]

真夏に荒れ地を歩けば数分もしないうちに、カギ爪やトゲや硬いヒゲのついたキク科のさまざまな植物のタネが服にくっついてしまうだろう。ひげのような冠毛のあるセンダングサ属のタネは動物の体について移動する。普通は風が運ぶタネでも、たとえばミヤマコウゾリナはタネのヒゲに小さな突起がついていて、空中を漂ううちに出会った動物の体についてさらに移動することもある。オナモミやゴボウのタネは頭状花序全体の基部を包む総苞《そうほう》がトゲにおおわれているので、小花ごとでなく頭状花序についたタネ全体が鳥や動物の体について移動する。[22] 北米の湿地や川岸に分布するアメリカギクは細い葉が茎から下向きに出ており、下に落ちたタネが水の流れにのって移動できるように適応しためずらしい例だ。そうでない植物でも、風によって運ばれたタネがたまたま水に落ちて遠くまで移動することはあるかもしれない。[23]

風や水や動物の力をかりて運ばれるタネは時には大洋を越えて何百キロも移動し、たとえばハワイ諸島やマカロネシアにまで到達して根づくこともある。インドネシアの火山島クラカタウ島の1883年の大噴火後に最初に見つかった植物のいくつかはキク科だった。[24] しかし、ある植物が初めての島に根をおろしても、そこが子孫の生育に適しているかどうかはわからない。そのため遠くまでタネが移動しすぎないように進化した植物もある。たいていのハルシャギク属のタネは小さくてカギ爪がついており、動物の体について運ばれるのに適しているものだが、ハワイの固有種のハルシャギクはタネが大きく、カギ爪もないのはその一例だろう。[25]

ある島に生育しているデイジーがその島以外のものほどタネを大きく移動させない、という現象はその島の固有種でなくても起こる。エゾコウゾリナ属は温帯の北部にある草原や荒れ地でよく見られるが、カナダ西岸の海域にある島々のエゾコウゾリナのタネは、本土のものより大型で冠毛が小さいため、移動距離が短くなっている。[26]

忘れてならないのは、頭状花序は形態や生理的仕組みがまったく均一なタネをもつ必要はない、ということだ。多様なタイプのタネをもつことは、環境の変化に柔軟に対応すること、生育に適さない状況を避けることにつながる。たとえば南北アメリカ大陸に生育する黄花のウィングペタルは環境の変化に応じてタネの移動を調整している。[27] ひとつひとつの頭状花序がヒゲのあるタネとないタネの両方を作り、ヒゲのあるタネは動物によって運ばれる。生育地の生存競争が激しくなったり、乾燥しすぎて生育に適さなくなったりするとヒゲのあるタネをふやして動物に遠くまで運ばせ、次の世代がもっと良い環境で生育できる可能性を高めるのだ。

北米で生育しているキャンファーウィードの頭状花序もタイプの違うタネを作るが、舌状花が作るタネは冠毛を持たない。[28] したがって管状花が作るタネのほうが遠くまで移動し、速く発芽する。舌状花が作ったタネはあまり移動せず、休眠する。サワギクやクレビス・サンクタもやはり異なるタイプのタネを作る。[29] 地中海産のイエローサッカリーの場合はもっと複雑だ。[30] まず頭状花序が2種類ある。空中に咲くものと地面すれすれに咲くものだ。地面すれすれに咲いたほうは2種類のタネ、空中に咲くほうは3種類のタネを作る。そのすべてが形も大きさも違い、移動のしかたも発芽のしかたも異なっている。

◉高所の環境を生き抜く

標高の高いところで生育するのは植物にとって過酷なことだ。昼と夜の寒暖差が大きいからだ。熱帯では日中の気温は15℃を超え、夜は氷点下になる。スウェーデンの植物学者オロフ・ヘドバーグの言葉によれば「昼は毎日が夏、夜は毎日が冬」のようなものだ。[31]

植物の体のほとんどは水分なのだから、凍ることは致命的だ。植物の細胞を、ボール紙の箱の中

中央ヨーロッパで採集されたソーワートの *Saussurea alpina* と *Saussurea depressa*。この属の多くの植物が高地の環境に適応している。

にある水をいっぱいに入れた風船だと想像してみよう。風船は細胞膜だ。生命活動に必要なすべての生化学的装置がその中に入っている。箱は細胞壁で、細胞膜を保護している。氷結が箱の表面に氷の結晶をつけるだけのことなら、中の風船とその中身に大した影響はないだろう。しかし風船の中の水が凍り始めたら、氷の結晶は風船を割ってしまう。そして氷が溶けたら、凍ったレタスが溶けたときと同じように箱も崩れてしまうだろう。したがって気温が氷点下になるような酷寒の地に生きる植物は、凍結を避ける、あるいは凍結に耐える仕組みを備える必要がある。[32]

基部を苞葉《ほうよう》に包まれた小さな黄色い頭状花序の房を特徴とするヨーロピアンエーデルワイスは、ピレネー山脈からアルプス山脈、そしてバルカン半島の山々にまでいたる標高1500～3400メートルの高地に分布している。全身を銀色のうぶ毛のようなものにおおわれているが、これは高地に生育する植物が必ず直面する3つの問題、寒さ、乾燥、強い紫外線照射に適応するための進化のたまものだ。[33] 東アフリカの山々やヒマラヤ山脈、アンデス山脈北部のパラモ植生の樹木限界線より高いところに生育するキク科植物はエーデルワイスよりもっと高いところに生育しているが、どれも同じような方法で厳しい環境に耐えている。結局のところ、植物が同じような問題に対処するためには同じように進化するようだ。

東アフリカのジャイアントセネシオはケニア、タンザニア、ウガンダの国境付近、ヴィクトリア湖の周囲を囲む山々の標高3500メートル以上の場所に生育している。この巨大でがっしりした奇妙な形の植物の枝の先端は白いうぶ毛のようなものにおおわれた大きなロゼット［葉がバラの花のような形に重なったもの］で飾られていて、その下には枯れた葉が分厚く重なったスカートのよう

1887年に初めて描かれたジャイアントセネシオ

ベネズエラの熱帯草原パラモに自生するフライレホン

な部分がある。ジャイアントセネシオの成長は遅く、10メートルを超える高さの木はおそらく樹齢350年を超えるだろう。一方スカートのように重なり合った葉のほうは、数百年とまではいかないとしても数十年はそこにあったと思われる。[34]

南米のアンデス山脈の雲霧林《うんむりん》「霧が多く湿度の高いところに発達する常緑樹林」より上にあり、ツンドラに似た気候の大草原はパラモと呼ばれている。そこに生育しているキク科植物フライレホンはジャイアントセネシオとは別の属だが、外見は似ている。フライレホンは高さ4メートルにもなり、まるでヤシの木のように見えるのだが、茎の先端にはやはり白いうぶ毛のようなものにおおわれた厚みのある大きな葉のロゼットがあり、その下にはフェノール〔有機化合物の一種〕を多く含むたくさんの枯れ葉が、何十年も腐らずについたままになっている。[35]

このような植物の場合、新芽は枯れ葉の層と分厚いうぶ毛の層によって断熱されている。枯れ葉たちはやさしく新芽をおおって夜の冷気から守る。それがなければ新芽は死んでしまうかもしれない。さらにロゼットの大きささそのものが蓄熱装置の働きをする。昼のあいだに熱をたくわえ、夜に少しずつその熱を放出するのだ。葉の根元にあるくぼみには粘液がたくわえられていて、新芽をおおうだけでなく熱をたくわえる働きもしている。この液の粘性は凍結防止剤の役割もある。氷の結晶が付着するのをできるだけ遅らせようとする戦略もある。氷ができないようできるだけ時間をかせいで、夜明けまでなんとかしのごうという作戦だ。

うぶ毛におおわれた葉の巨大なロゼットをもつ高山のキク科植物が茎の先端の新芽を寒さから守るには、別の方法もある。葉のうぶ毛が熱を反射する一方で、ロゼットはその丸みを帯びた形を利用して電波望遠鏡が電波を集めるように熱を集めるのだ。ハワイ諸島のふたつの火山の標高2000メートル以上のところだけに見られるギンケンソウはこの方法を使うことで新芽の温度を周囲の気温より25℃ほど高く保っている。[36]

一方ヒマラヤ高地に生育するキク科トウヒレン属の植物は、頭状花序の基部をおおう半透明の苞葉が頭状花序の温度をタネができる程度の高さに保っている。[37] また高地性のトウヒレン属の別の種《しゅ》では、葉と頭状花序の羊毛のような表面が水をはじき、紫外線から守っているが断熱の働きはしない。[38] ちなみにトウヒレン属の学名サウスレア（Saussurea）は、高山地帯の環境に関する研究に多大な貢献をしたオラス＝ベネディクト・ド・ソシュール（Saussure）とニコラ＝テオドール・ド・ソシュールの父子を讃えてつけられたのではないかと思われる。

昔から自分たちの都合に合わせて種を人工的に選択してきた人間も、キク科植物の生態に少なからぬ影響を与えてきた。チベットの高地に生育する稀少なキク科植物スノーロータスは、20世紀には以前よりかなり丈が低くなった。[39] これは漢方薬の原料としてかなり多くの野生のスノーロータスを採集してきた中国の人々が無意識のうちに種の選択に影響を与えた結果だと思われる。人々はスノーロータスが結実する前に収穫してしまうので、収穫しやすい丈の高い個体の遺伝子は集団のなかでだんだん少なくなり、丈の低い個体の遺伝子が多くなったのだろう。一方、収穫しないで保護されていた集団で丈の高い個体がより多く見られるのは、丈を高くする遺伝子が残っているからに違いない。

◉水の少ない環境を生き抜く

地球上のすべての生命にとって水は欠かすことのできないものだ。どんな植物も成長し、子孫を残すためには水が必要だ。1715年、ロンドン郊外の村テディントンの副牧師だったスティーヴン・ヘイルズは植物体内の水の流れに関する研究を行った。[40] 彼は18世紀初頭から動物の体内の血液循環について知るための先駆的な実験も行っている。植物についての彼の実験は、馬や犬の生体解剖をともなった動物の血液循環の実験と比べれば穏やかなものだったが、動物実験にも劣らない成果をあげている。1724年7月3日、彼は植物とその生育環境との相互作用についての画期的な実験に着手した。

彼はまず、鉢植えにしたヒマワリの鉢の土の表面を鉛の板でおおった。板には水を入れるための小さな穴があったが、水をささないときは栓ができるようにしてあり、鉢のその穴以外の場所は完全に密封されていた。鉢に注入した水の量と、鉢とヒマワリを合わせた重さの注水前後の変化を比べることで、空気中に出て行った水分量を知ることができた。そしてそれをもとにヒマワリの表面積当たりの水分の蒸散量を計算したのである。この実験を気温、湿度、雲の量などの条件をいろいろ変えて繰り返した結果、晴天で気温が高いと蒸散量が増し、湿度が高くて曇りのときは減少することをヘイルズは発見した。さらに実験を進めた彼は、葉のついたヒマワリは土から水を吸い上げ、葉をとってしまったヒマワリは水を吸い上げないことを知った。そして、植物は葉の表面から水が蒸発すると土から水を吸い上げるという結論を得たのだ。

スティーヴン・ヘイルズ牧師が行ったヒマワリの実験の図。この実験により植物は地中から空気中へ水分を移動させていることがわかった。

アフリカ原産の対乾性植物、バーバリーブタクサ。葉はワックス性で厚みがある。

　植物が土から吸いあげた水分を葉まで送るなら、根と葉のあいだをつなぐ複雑にこみいった導管内を通るうちに失われる水もあるはずだ。植物の葉には気孔《きこう》という小さな穴があって、水はそこから蒸散する。気孔のまわりは一対の孔辺《こうへん》細胞が囲んでいて、それが気孔の開閉をする。水を得るために水を放出するというジレンマに対処するため、植物はその形と生理機能を進化させた。ジレンマの解消には最小の蒸散量で最大の吸水量を得ることが必要だ。解決策は大きく分けてふたつある。積極的な方法としては、南アフリカに自生するクレイニアやオトンナのように、ワックスを塗ったような厚みのある葉や太い茎をもって水分をたくわえる戦略がある。消極的な方法としては、砂漠のような苛酷な環境下でもいつかは来る生育に適したほんの短い雨季まで、休眠芽のかたちでじっと待つという戦略がある。

　植物は季節ごと、あるいは1日ごとに水を得る苦労を味わう。水の苦労といえばすぐ思いうかぶのは、

乾燥に強いアフリカの植物クレイニア・アビッシニカの頭状花序

たとえば砂漠のようなところで水がほとんどないケースだが、少し意外な苦労もある。たとえ湿気の多い土地でも強い風が吹く場所に生えている植物は、風によって蒸散量が増えるせいで水分不足になる可能性がある。[41] このような生理的原因で起こる水不足は、アンデス山脈の高地に広がる草原パラモのように寒冷な環境であっても、日照時間が長い季節は蒸散がさかんになるから起こる可能性がある。一方、ジャイアントセネシオやフライレホンは体内に水を貯蔵できるから、地中の水が凍っていてまだ吸いあげることのできない早朝でも、葉に水を供給することができる。[42] アンデスに自生しているフライレホンはスポンジのようになっている幹の中に水をたくわえ、それを地中に出すことで、高地の帯水層や湖に水を提供し、その水はやがて川となって低地に流れていく。

ナミビア南西部から南アフリカ北西部にかけて広がるナマクアランドはイギリスの4分の1ほどの面積をもつ荒涼とした砂漠地帯だが、毎年だいたい決まった時期にやってくる短い雨季にはたくさんの植物がいっせいに花開き、あざやかな色彩に埋めつくされる。オトンナ、ムギワラギク、フェリシアなどのキク科植物もある。[43] 最初に雨が降った日から数日もすると、一年草のキク科植物の休眠芽がいっせいに発芽し、数週間後には開花し、受粉し、結実して次の世代となるべき休眠芽をふたたびたくわえる。開花する時期は予想できるので、花盛りのナマクアランドを見ようとする観光客がどっと押しよせ、地元の人々にとっては絶好の収入源になっている。[44]

光合成とは植物が太陽光の力を借りて二酸化炭素と水から糖と酸素を作りだす生化学的プロセスだ。ほとんどの植物はこのプロセスをリブロース2リン酸カルボキシル基転位酵素／酸素添加酵素（英語の頭文字をとってRUBISCO＝ルビスコ＝と呼ばれる）という酵素の助けを借りて行っている。善人ジキル博士の顔を見せるときのこの酵素は5つの炭素原子をもつ糖の分子に二酸化炭素を加え、炭素を3つもつ分子をふたつ作り、この分子が糖とデンプンを作る。これがC_3光合成で、水と太陽光と二酸化炭素が適正な量だけ存在する熱帯から温帯域に自生するキク科植物が一般に行う典型的な光合成である。気温や水分の供給が適度でなくなるとこの酵素がハイド氏に変わり、炭素原子を5つもつ糖の分子に二酸化炭素ではなくて酸素を加える光呼吸というプロセスを行う。光呼吸は光合成の効率を下げる働きをする。

したがって気温が高く乾燥した環境にある植物には、この光呼吸による害を克服するための何らかの手段が必要になる。キク科植物のあるものはC_3光合成が始まるときに二酸化炭素濃度を高くするような生化学的メカニズムを進化させ、C_4光合成と呼ばれるものを行うようになった[45]。夜のあいだに二酸化炭素を炭素原子4つの分子に転換させて特別な細胞に送っておき、それを日中に取りだしてC_3光合成に利用するのだ[46]。

乾燥した環境で生き抜くためのもうひとつの対処法がベンケイソウ型有機酸代謝(CAM)という光合成だ[47]。CAMを行う植物の場合、日中は気孔を閉じて水分の蒸散を制限し、夜になると気孔を開いて二酸化炭素を取りこみ、炭素原子を4つもつ有機酸の形で体内にたくわえる。それをふたたび二酸化炭素にもどして日中の光合成に利用するのだ。CAMもC_4も水分を有効に使うために炭素原子を体内にたくわえておいて日中の光合成に使うが、CAMを行う植物は気孔を夜間に開いて二酸化炭素を取りこむ点が異なる。

砂漠に似た気候の自生地で育つマカロネシアの固有種で、木の形をしたキク科植物のヴェローデ。

アフリカ南部マラウィのムランジェ山で1980年代から90年代に採集されたムギワラギク属の4種の植物標本。オックスフォード大学の標本室で保管されている。
左上から順に：*H. nitens*; *H. whyteanum*; *H. herbaceum*; *H. buchananii*

●火事があっても生き抜く

人類は3～4万年前に火を使うことを学んだ。火を使うことで食料を手に入れたり調理したり、土地を焼きはらって豊かな土壌の農地にしたり、獣を追いたてて捕らえたりできるようになり、さらには火を武器にすることもできるようになった[48]。現在でも、手のほどこしようのない山火事の圧倒的な力が新聞の見出しになることがある。私たち人類が進化を始める何百万年も前から、植物は火事とともに生きる方法を身につけていた。火事――燃料と酸素と熱を必要とする化学的連鎖反応のひとつ――は多くの植物の自生地を脅かす要因のひとつだ。毎年の乾季や不定期に起こる旱魃《かんばつ》で植物が休眠しているあいだに、燃料となる枯れた葉や幹が蓄積され、そこに雷の火花が飛んでくれば火がつく。少し風があれば熱せられた空気は上昇気流となり、火はあたり一面に広がる。自然火災は少しくすぶる程度のものから何メートルも炎を巻きあげて広がる大火災までさまざまで、その規模は天候、地形、燃えるものの種類によって変わってくる[49]。

生態学的に見れば、火事は化学作用による草刈りだ。火事の熱は種子の発芽や休眠芽の目覚めをうながし、土壌の微生物や養分に影響を与える。順に見ていこう。火事の熱はまず土壌表面の温度を上げ、そこにある植物――枯れていてもいなくても――を一掃する。火事になった場所には太陽光がよく届くようになり、生存競争をする他の植物はなく、養分が多く、無菌で暖かい灰におおわれた土壌でタネが発芽できる。しかし窒素や硫黄などの栄養分は失われていて、土壌が安定するまでのあいだは風や水の動きで土が流される可能性がある。火事が収まった数日後には最初のタネが発芽し、多年草の休眠芽が目を覚まして土壌の安定化が始まる。たとえばフィンボスと呼ばれる南アフリカのケープ南西部に広がる火事の多い低木の密生地では、ケープムギワラギクがよく目につく。それは純白の苞葉《ほうよう》が目立つからでもあるが、火事で燃えた木々がもたらした煙の化学成分や木から出てきた水溶性の栄養分が種子の発芽をうながすためでもある。[50]

植物は動物のように火事から逃げることができない。火事ですっかり枯れてしまい、もう一度群落を作りなおす必要のある植物もある。しかし火事が多い地域に生育する植物の多くは、種子や休眠芽を火から守るための仕組みを備えている。雨季と乾季があるところでは、火事は乾季に起こる。乾季には枯れたようになって雨季の始まりとともに新芽を出すというのは、水の無駄遣いと火事による被害を防ぐための植物の知恵だ。火事の多い場所で生育するキク科植物の多くは、乾季には姿を消したように見えたり、火事が消えたあとだけに姿を見せたりする。そうした植物は、雨季と乾季のはっきりした気候と、火事が起こりやすい環境にうまく適応しているのである。

キク科植物はセラードと呼ばれるブラジル中央部の熱帯草原でもっとも多く生育し、もっとも多様性をもつ植物のひとつだ。くねくねと曲がった木のような茎をもつのは、新芽が火事の多い場所で生き抜くために、コルクのようなぶ厚い樹皮は新芽を保護するために進化したものだ。[51]枯れ葉がしっかり寄り集まった新芽の周囲をゆるやかに囲んでいるのは、断熱のためと襲いかかる炎ができるだけ速く通りすぎるようにするためだ。

土壌は優れた断熱効果をもち、火事のときでも地表から数センチ下なら温度はほとんど上昇しない。だから土の中に埋まっている種子や休眠芽は炎から守られる。セラードのキク科植物はその休

リクノフォラ属は南米の小型の樹木で、ブラジル中央部の高地に多い。

眠芽を守るため、さまざまな地中の仕組みを工夫して環境に適応している。[52] じじつ熱帯草原では植物の非常に多くの部分が地中にあり、アフリカのサバンナには「地中の森」という表現があるほどだ。

地中にあって休眠芽を守っているがっしりした根や茎のようなものは、「木のような足」を意味するザイロポディウム（xulopodium）と名づけられている。旱魃や火事のあとにふたたび芽を出して成長するためには、養分、特に炭水化物と窒素をたくわえておく必要がある。[53] セラードのキク科植物の多くは炭水化物をイヌリンの形でたくわえている。

キク科植物はその形態、体内組織、生理学的・生化学的機能を環境に適応させることで繁栄を続けてきた。それも、ただ自然環境に適応してきただけでなく、私たち人類が農業をしながらこれまで1万年あまりかけて作り上げてきた人工的な環境にも適応してきたのである。

第4章 薬用植物としての一面

少しずつ経験を重ねること、これはあらゆることについて何よりも有効な知識を与えてくれる教師なのだが……言葉と単なる講義に堕落してしまった。自然のなかに出ていって季節ごとに異なる植物を見つけて調べることよりも、講義室にすわって話を聞いているだけのほうが安楽で愉快だからだ。

——プリニウス『博物誌』(第26巻「薬剤と効用」、第27巻「病気の増加と医術の堕落」)70年頃

私たちの生活には植物から得られた化学物質があふれている。食べ物や燃料になるものもあれば、建築物やなにかに彩りを添えるために使われるものもある。私たちは衣食住のあらゆる面で植物の世話になっているが、それ以上に私たちの想像力をかきたてているのが、植物のもつ治癒力だ。ただし、その同じ植物が命を奪うこともある。ルネサンスが始まる16世紀初頭の医師にして「毒物学の父」とも呼ばれるパラケルススはその二面性について「与え方が結果を決める」と簡潔に語った

ものだ。
1960年、イラクのクルディスタン地域にある6万年以上前の考古遺跡でネアンデルタール人の中年男性の骨が発掘され、その骨の近くからヒナギク属、ノコギリソウ属、ヤグルマギク属、セネシオ属などキク科の花の花粉が見つかった。[1] 考古学者は付近の状況からみて、その花粉を残した花はネアンデルタール人の埋葬儀式に使われたものか、もしくは医薬品として使われたものではないかと推測した。ただし、中東地域に生息するリスやネズミなどの齧歯類《げっしるい》は花を――おそらく保存食として――隠し場所にたくわえておく習性があるので、そのような動物が埋めたものではないかという説もある。[2]

その花粉がはたしてネアンデルタール人の薬のひとつだったのかどうかは知ることができないかもしれない。しかしそれらのキク科植物がヨーロッパや中東で治療効果があると公式に認められていること、伝統医療で使われてきたことは多くの人が知っている。北米原産のムラサキバレンギク、ヨーロッパのカモミールも薬用植物として知られ、最近では中国原産の一年草アルテミシアや南米原産のステビアの抽出物が安価で有効な抗マラリア薬として注目され、また世界的な問題となっている過度の肥満を防ぐための甘味料としても市販されている。しかし、世界中の温帯地域に分布する各種のサワギクは有毒物質を含み、家畜が食べると死んでしまう（ブタクサやヨモギは、花粉アレルギーを引き起こすことはあるものの、有毒というほどではない）。

キク科植物の化学的多様性は、その色や香りの多様性にも現れている。たとえば緋色のダリア、独特の青色をしたヤグルマギク、クミンの香りをもつワタスギギク、チモール［ジャコウソウなど

ツタンカーメンのミイラの隠し場所で発見された、ヤグルマギクとコウゾリナの花を含む首飾り。赤い亜麻布はベニバナ染めかと思われる。BC1336 ～ BC1327年頃。

から抽出される芳香成分」の香りをもつアルテミシア、尿のような臭いをもつあざやかな黄色のサワギク、スパイシーな香りをもつオレンジ色のマリーゴールドなどなど。[3]

この章ではキク科植物がもつ化学的性質について、植物は何のためにその性質を備えているのか、また私たち人間はその性質を治療のため、あるいはなにかを殺すため、そして私たちの生活を豊かに彩るためにどう利用してきたかを見ていくことにする。

●薬として使われる植物

19世紀末になるまで、植物は医薬品のほとんど唯一の原料だった。古代エジプトのエーベルスパピルス（BC1500年頃）などの書物には薬用植物の記述があり、古代ローマの博物学者プリニウスは植物の知識が乏しい医師たちのことを嘆いている。[4]

コットンラベンダー（和名ワタスギギク）。地中海沿岸に咲く香りの良い花だが、じつはコットンともラベンダーとも関係ない。

シュメール語で書かれた叙事詩「ギルガメシュ」には旧約聖書「創世記」のエデンの園の物語も含まれており、永遠の命をもたらす鍵は植物にあるというイメージを与えている。もし正しい植物由来の薬品を発見できれば、私たちは病気にかからず、かかっても治すことができ、寿命を延ばすことができるという信念をもつ人は多く、自然保護団体もその考えを後押ししているようだ。しかしその考え方は、植物資源の濫用をも招いてしまった。[5] ニチニチソウから発見されたビンブラスチンやビンクリスチン、タイヘイヨウイチイの樹皮から作られたパクリタキシルなどが抗がん剤として使われるようになり、植物が数十億ドルもの利益を生みだすことが知られてくると、自然界のどこかに緑の黄金が隠されているのではないかという期待が高まったのである。[6]

人類は進化の過程で少しずつ植物がもつ薬効を発見してきたが、その過程は危険をともなうものだった。私たちの遠い祖先は、神の加護によってではなく動物たちの行動を見ることで知識を増やしてきた。[7] １９７０年初め、タンザニアのチンパンジーの集団が、黄色い花を咲かせる熱帯性のキク科植物アスピリアの若葉を飲みこんでいるのが目撃された。表面がざらざらで、よく見るとひっかかりのある細かい毛が生えているこの葉には、腸壁《ちょうへき》に住む寄生虫を除去する働きがあった。[8] また東アフリカに生息しているボノボ（コビトチンパンジー）とゴリラは、ビターリーフという低木の茂みから取ってきたアルカロイドを豊富に含む枝の髄をとりだして食べることもわかった。彼らはそうやって腸内の寄生虫を駆除していたのである。[9]

植物を科学的に研究して薬効を確かめようとする試みは遅くとも紀元前6世紀には始まっていた。[10] ローマ時代のギリシアの医師、薬理学者、植物学者だったディオスコリデスは1世紀に、東地中海地域で薬として使われていた植物についてまとめた『薬物誌 *De Materia medica*』を著した。現在、この書物のもっとも古い写本はウィーンのオーストリア国立図書館の写本コレクションであるコデクス・ヴィンドボネンシスに収蔵されている。[11] 1500年のあいだ、ヨーロッパにおける植物研究は医学・薬学と一体であり、テオフラストス［BC371〜BC287。古代ギリシアの哲学者、博物学者。『植物誌 *Historia Plantis*』の著者で、植物学の祖とも言われている］とディオスコリデスはその代表的人物だった。

ヨーロッパ中世をおおった暗黒時代にはヨーロッパにおける薬用植物の研究は衰退したが、実用的な知識は口伝えに受けつがれたと思われる。ルネサンス運動が起こってヨーロッパ近代の幕が上がると、アラブ世界に受けつがれていた古代からの植物学の知識がヨーロッパにもどってきた。[12] そして古代の観察をもとに描かれた多くの図版を載せ、植物の医薬効果をうたう植物図鑑が知識人のあいだに広まった。[13] ピエトロ・マティオーリが書いた『リオスコリデス薬物誌の解説 *Commentarii*』（1554年）やジョン・ジェラードの『本草書 *Herball*』（1597年）などはベストセラーとなり、薬用植物研究の黄金時代に大きく貢献した。

何世紀にもわたりヨーロッパで公式に認められていた医薬品のリストには聖ベネディクトのアザミ、フキタンポポの葉、キンセンカの花といったわかりやすい名称があり、このリストにある名前の多くはその植物の学名に採用されている。聖ベネディクトのアザミはアザミの花芽を乾燥させたもので万能薬とみなされていた。[14] フキタンポポの葉に含まれる多糖類は痰《たん》の排出をうながすとされ、キンセンカの花は発汗をうながし、興奮剤としても使われていた。[15]

ギリシアのテオフラストスのような人物はいなかったものの、古代中国の本草学もヨーロッパの薬用植物研究に匹敵するレベルだった。中国には中世ヨーロッパにあったような暗黒時代はなかったので、薬用植物の研究が中断されることはなかった。中国の植物学者たちは何千もの植物を詳細に調べて薬効を確認し、西洋とは異なる種類の医学を発展させたのである。中国の伝統医療は今や多くの西洋人からも注目されている。[16]

過去1世紀、あるいはもっと前から、西洋医学は原点の植物研究を離れた道を進んできた。[17]これは、西洋医学だけがたどってきた道だ。もっとも、これは考え方の違いというよりは、経済力による違いかもしれない。たとえばアフリカでは今でも8割の人が植物を薬として使っている。その一方で、たとえば2002年には、植物を原料とした薬品の全世界における市場規模は約600億ドルにものぼる。[18]

◉化学工場としてのキク科植物

キク科植物が人間を含む動物を治療したり殺したりする力は、植物が体内で合成するさまざまな化学物質――いわゆる二次代謝産物によるものだ。フラボノイド、テルペノイド、アセチレンなどの二次代謝産物は、植物の根、幹、葉、花、種子などに集まっているが、それは別に人間の役にたつために生まれたわけではない。人間がたまたま、役にたつものもあると気づいただけだ。キク科植物は自分の成長や生存を脅かす問題を解決するために――たとえば昆虫に花粉を運ばせるため、同じ場所に生えている他の植物との生存競争に勝つため、草食動物を近づけないため、あるいは菌類や微生物の攻撃に備えるために——化学物質を作るよう進化してきたのだ。[19]

キク科全体では何千種ものフラボノイドの存在が特定されている。それらは花粉を媒介する昆虫などを引きつけたり、紫外線によるダメージから身を守ったり、あるいは細胞間の情報伝達をになう信号分子として働いたりする。キク科植物は植物の生殖と自己防衛に有効な化合物テルペノイドも豊富だ。テルペノイドは芳香をもち、花や果実に色をつける機能もある。テルペノイドのうちでもキク科にはセスキテルペンラクトンが特に多い。ヨーロピアンビターレタスの茎などから出る乳液上のラテックスを乾燥させたものはききめの穏やかな鎮痛剤として何世紀も使われており、ラクトゥシン、ラクトゥコピクリンなどのセスキテルペンラクトン類を多く含む。[20]

テルペノイドポリマーであるゴムも植物を防衛するはたらきがある。第二次大戦中にはマレーシアのゴム農園からヨーロッパへのゴムの供給が止まったので、ロシアンタンポポの主根とメキシコのグアユールゴムノキから代替品のゴムが生産された。[21]キク科からとったゴムは戦時の間に合わせに使われたわけだが、現在ではアレルギーを起こしにくいゴムとして手袋やコンドームに使うための研究が行われている。[22]

白と黄色の花があざやかなシロバナムシヨケギク（除虫菊）は、アドリア海沿岸のクロアチアからアルバニアにかけてが原産地だ。[23]この植物にはテルペノイドのひとつであるピレトニンが含まれている。これは昆虫に対しては強い神経毒性をもつが、哺乳類に対しては毒性がないので、もっとも安全な殺虫薬といえる。ピレトリンはシロパナムシヨケギクのタネの殻に集中して存在し、虫の害からタネを守っているらしい。南アフリカのケープマリーゴールドなどに含まれるシアン化グル

シロバナムシヨケギク。除虫剤の原料になる、いわゆる除虫菊。

ガーデンマリーゴールド。美しい花を咲かせ、薬用、食用にもなることから広く栽培されている。

コシドは糖と青酸塩が結びついたもので、植物がダメージを受けるとシアン化グルコシドを分解する酵素ができ、シアン化水素を発生させて昆虫やナメクジなどを近寄らせないようにする。

ポリアセチレン類はキク科の特にシナレア、セネシオ、シオン、カモミールなどの仲間に含まれる化合物で、殺虫、抗菌作用がある。菌の攻撃を受けてから産生されるものもあるようだ。ポリアセチレンはセンジュギクやセンダングサのタネを黒くする。またイクチオテレ・テルミナレスやクリバディウム・シルヴェストレが産生するポリアセチレンは魚を捕るために使う毒になる[24]。

アルカロイドは植物由来の窒素を含む有機化合物で、苦みがあり、生理機能にさまざまな影響を与える。キク科ではサワギク、ヒヨドリバナ、シナレアの3つの連だけが産生する。特に注目すべきはピロリジジンアルカロイドと総称されるもので、非常に毒性の強いものや発がん性をもつものがある。[25] そのうえ、ピロリジジン類はキク科植物のなかで何度も進化してきた。[26] 普通のサワギクでは、アルカロイドは草食動物一般から身を守る働きをしている。ところがヒトリガのなかにはサワギクの毒性を利用して自分の身を守るものがある。[27] オレンジ色と黒のしま模様がある幼虫がサワギクの葉を食べ、苦みのあるピロリジジンを体内に高濃度に蓄積し、成虫になってもそれを保っている。そのおかげで、よく目立つ赤と黒の成虫はその色が毒のしるしになって、動物などに食べられずにすむのだ。

キク科の化学物質をもっと巧妙に使う昆虫もいる。北米にいるある種のタマバチのオスは、シルフィウム・ラシニアトゥム［葉のついた向きで方角がわかるのでコンパスプラントと呼ばれている］やプレーリードック［米国東部産の丈夫な草］が作る化学物質を、メスを見つけるためのフェロモンの代わりに使う。[28] 幼虫は花の茎の中でたくわえてあったエサを食べ、冬を越す。春になるとオスのハチはメスを探さなければならない。オスはメスのタマバチが花に侵入したときにシルフィウムが分泌する特殊なモノテルペンの混合物を探知するのだ。そればかりか、メスはオスを引きつけるためにその化学物質をより魅力的に変質させることもできる。

◉医薬品としてのキク科植物

キク科植物に含まれる化学物質が人間の体に与える急性および慢性的効果や突発的変化――たとえば鎮痛効果、心筋抑制効果、呼吸刺激効果、筋弛緩効果など――については、これまで世界各地のあらゆる文明圏で発見されてきた。[29] しかし植物の医学的効能の解釈、特にそれに関する報告のし

カナダに見られる黄色い花のコンパスプラント（シルフィウム・ラシニアトゥム）とそれにそれに絡みつく白花のワイルドキューカンバー。

かたは、それぞれの文化における病気の概念によって異なる。[30] 民間医療についての文献に科学的根拠もなく記されたさまざまな植物療法には、特定の効果を得るために植物をどう扱うか、ということさえ具体的に明示されていないものも多い。古い時代に遠い場所で使われていたというだけで、これは薬になるともてはやされてきた植物もあるようだ。しかしそのような態度で植物を治療に使えば、せいぜいむなしい希望をもたせるだけで、悪くすれば命に関わることもあるだろう。[31]

近代初期のヨーロッパでは、薬用植物の知識は書物や口頭で世代を超えて引きつがれており、古代ギリシアの知恵の再発見と、植物由来の薬品を使ってみた結果――時には恐ろしい結果――を観察することによってさらに多くの知識が得られていた。そうして植物療法の人気が高まってくると、効能をもつ植物を超常的な方法で見つけようとする動きが出てきた。民衆だけでなく、国家、教会、法制度までが神秘主義と魔術を信じる時代だ。そんな風潮のなかで植物の効能を知るために使われたのが、特徴説と占星術である。

特徴説によれば、植物の形を見ればそれが治すことのできる病気はおのずとわかる。「神は植物の形に刻印された……象形文字のように……その植物がもつ効能を」[32]。それに対し占星術師は、植物は星の影響を受けており、人間の利益のために天空の神々が行うゲームのひとつひとつのコマだと考えた。そしてさらに、神々はある土地にはびこる病気を治すための植物をすでにそこにもたらしていると主張した。[33]

スイスの医師兼錬金術師だったパラケルススは特徴説を強く主張していた。一方イギリスの理髪師にして外科医かつ植物学者だったジョン・ジェラードは、自分は何千もの植物の「特徴、言いかえれば植物に刻印された秘密のマーク」を読みとることに優れていると豪語していた。[34] 16世紀イタリアの天才的博物学者ジャンバッティスタ・ポルタは、幾度も版を重ねた著書『自然魔術』〔澤井繁男訳／講談社学術文庫／2017年〕で特徴説を大きく扱っている。彼は人間の体の不調と植物の形との関係を見抜くことに関しては非常に豊かな想像力を発揮していた。[35] たとえば一般的なディジーに見られる花の形は人間の目に対応するから、ディジーは目の不調を治し、レパーズベインの根はサソリに対応するからサソリに刺されたときに効く、という具合だ。

後にイギリス王室の主席植物学者の称号を得る薬剤師ジョン・パーキンソンは、そうした神秘主義をはねつけたが、薬剤師で占星術師でもあったニコラス・カルペパーには批判されている。「ジェラードもパーキンソンも……自分が著書に書いたことに確かな根拠を与えていない。薬剤師の伝統的な学派で学ぶ弟子たちにもオウムにしゃべり方を教えるようにただ同じことを繰り返すばかりだ」。[36] カルペパーは17世紀の正統派の医師たちを「うぬぼれ屋で無礼で横柄な連中の集まりだ。彼らの知性は500年以上も前に生まれたものだ」[37]と公言する嫌われ者だった。自身の占星術にもとづく科学的根拠のない主張は棚にあげ、自分は理性によって導かれており、彼以前の同業者の誰よりも優れていると考えていた。

根拠のない主張とは、たとえば「ヨモギは戦いの神マルスにつながる火星に属する植物である……戦いに関係する場所にふさわしいのは火星の植物である……しかるにヨモギは戦いに関係する場所に好んで生える（武器を作る鍛冶場には荷車がいっぱいになるほどのヨモギが生えている）。ゆえにヨモギは火星の植物なのだ[38]」のようなものだった。カルペパーはこれに続けてヨモギの効能

キク科ヨモギ属の一般的なヨモギ

中国産の一年草アルテミシアは抗マラリア薬の原料になる。

についてとりとめのない御託をならべ、男性の右目と女性の左目に効くとか、ヨモギはソバカス、日焼け、喉の痛みから梅毒まで、さらには出産時の傷にまで効く万能薬だとしている。[39]

カルペパーの説は同時代の誰からも認められなかった。特徴説を支持する植物学者ウィリアム・コールズは、カルペパーは「自分の足で踏みつけた草のこともわかっていない」と言って神学を引き合いにだして論破しようとした。いわく、聖書の「創世記」によれば、神は天地創造の3日目に植物を作られ、4日目に星を作られた。原因が結果のあとになることはあり得ないから彼は間違っている、のだそうだ。[40]

「あの植物はこの病気に効く」というような考え方は、客観的に見ておかしいことが明らかになっても根強く残っているものだ。とはいえ、おかしいと思えるような民間伝承に科学的根拠などひとつもないとは限らない。1971年、中国の女性化学者、屠《と》呦呦《ゆうゆう》はヨモギ属の一年草アルテミシアから抽出した物質にはマラリア原虫の駆除に効果があることを発見し、そこからアルテミシンという化学物質を分離することに成功した。屠教授は古い中国医学の文献を調べることでこの発見に至ったのだ[41]。彼女はこの研究により2015年のノーベル医学生理学賞を受賞している。万能薬をうたう植物からの抽出物——どうせ効かないだろうとか、なんの根拠もないし、などと思いながら使っていたもの——が、西洋医学も認める本物の医薬品に変身したのだ。

キョウチクトウ科（ニチニチソウから抽出するビンブラスチンは抗がん剤として利用されている）、アカネ科（アカキナノキからマラリアの特効薬キニーネがとれる）、ナス科（ヒヨスやチョウセンアサガオから胃腸管の運動抑制や心拍数増大の機能があるアトロピンがとれる）などと比べると、近代医学で使用されているキク科由来の医薬品は少ない。アメリカ食品医薬品局に認定されているキク科由来の医薬品には、ステビアの葉から抽出する甘味料ステビオシド、オオアザミからとるシリマリン［肝細胞を保護する］、チョウセンアザミ（アーティチョーク）から分離されるシナリン［甘味を感じにくくする］などがある。現在のところ、アルテミシア属から抽出されるアルテミシニンから半合成するアルテメテルとアルテスネイトが抗マラリア薬として注目されており、ヨモギ属タラゴンは緑内障の進行を抑制するラタノプロストとビマトプロストの原料となっている。

課題は、いろいろな「おばあちゃんの知恵」的な治療に使われる植物のなかから、科学的に見てたしかに薬効のあるものをいかに選別するかだ。なぜなら医薬品の開発および試験には倫理的な問題もあるうえに、多くの費用と時間も必要だからだ。それを解決するひとつの方法は、すでに効果のわかっている化合物の構造を少し変えてみて、少し効果に違いのある分子を作ること——いわゆるケミカルモディフィケーション（化学合成法）である。もうひとつの方法は20世紀中頃から注目されながらも賛否両論のある方法で、自然界にある生物資源のなかから医薬品に利用できそうな遺伝資源を発見しようというもの――いわゆるバイオプロスペクティング（生物資源探査）だ。

化学合成法は今のところ期待されていたほどの成果をあげていない。一方、生物資源探査のほうは時間もかかるし、それ独自の倫理的問題もはらんでいる。薬用に用いられる植物のあいだの類縁関係の分析と、世界各地の民族による植物の利用のしかたの調査結果を照らし合わせると、類似した疾患には世界中で同じような植物が使われていることがわかった。[42] この結果を見る限り、伝統医療に用いられてきた植物に含まれる化合物をもとに新薬を生みだすことのほうが有効なようである。

ただしそのような基礎的な研究が達成され、生理的効果が期待できる化合物の候補が見つかっても、今度は疑いぶかい監督官庁や医師や保険会社や健康保険組合を説得するために、その化合物は安全で効果が期待でき、金銭的価値があることを証明する詳細な調査研究が必要になる。まず細胞の培養と動物実験により、人間を対象とした臨床試験が安全かどうかを確認する必要があり、その結果が外部審査によって確認されれば臨床試験が認められることになる。臨床試験はまず少数の健康なボランティアからなるグループで実施してから、より大きい患者グループで行う。それらの結果は監督官庁に送られて審査され、合格すればその医薬品は認可され、販売することができるが、その使用状況のチェックは続けられる。こうして試験にかけられる何千もの新薬候補のうち、合格するのはせいぜいひとつだ。[43]

この審査過程には10年ほどかかり、何十億ドルもの費用がかかるので、製薬会社は新薬に対する強力な知的所有権をもつ必要がある。もし知的所有権が守られなければ、製薬会社は正式な認可を得るための試験を行うことなどできない。もちろん製薬会社は利益をあげなければならないから、一般的な病気に広く使われる新薬を作ろうとする傾向がある。何世紀も蓄積され、語り伝えられてきた知識にもとづいて発見された新薬の場合、そうした知識を守り続けてきた人々にも経済的に報いる仕組みがあるべきだろう。[44]

効果のない薬品は人の命を危険にさらすおそれもある。だから新薬の臨床試験は厳正かつ公平に行われなければならない。そのために実施されるのが、被験者を無作為にふたつのグループに分け、一方のグループには治験薬を与え、もう一方のグループは対照グループとする「ランダム化比較試験」だ。[45] ふたつのグループの違いは実際に投薬するかどうかだけで、それ以外はまったく同じように扱われる。こうすればいわゆるプラシーボ効果を排除でき、医師も被験者もだれがどちらのグループか教えられていないので、先入観によりバイアスがかかることを最大限に防げるはずだ。

生理作用をもたらす化合物が個々の植物に含まれる濃度はそれぞれの個体ごとに、季節ごとに、あるいは生育する場所や植物のどの部分を見るかによって違いがある。したがって一株の植物全体（全草《ぜんそう》）から抽出した成分が人間の生理に与える影響や薬としての効果を予測することは、たとえきちんと管理された医学的試験であってもくじ引きのようなもので、同じ結果が出ることはめったにない。[46] そのような濃度の差が、たとえばムラサキバレンギクから抽出したエキナセアに疑惑がもたれたり、伝統的な薬用植物のなかから新薬となる化合物を見つけだそうという試みが水を差されたりする原因だろう。全草からの抽出物を医薬品として厳密な管理下で科学的に評価するのは、か

開花しつつあるムラサキバレンギク

なりの難題である。[47]

◉アレルギー誘発物質と有毒性

欧米では植物にふれると皮膚に湿疹が出る人が100人にふたりの割合でいる。[48] 1万9000種近い植物（そのほとんどはキク科）がアレルギー性皮膚炎を誘発する。そのなかでも特に問題になっているのがセスキテルペンラクトンという物質だ。この化合物はその構造の中に人間の皮膚のタンパク質を変異させる部分が含まれている。[49] 私たちは日常的にキク科植物と接している（サラダの野菜だったり、庭に植えた花だったり、そのへんの雑草だったり）。だから接触性皮膚炎かどうかをテストする必要があるわけだが、その効果的な方法には、化学的に純粋なセスキテルペンラクトンの混合物を使う方法、あるいはどこにでもあるキク科植物、たとえばウサギギク、カモミール、ナツシロギク、ヨモギギク、ノコギリソウなどの全草からの抽出物を使う方法などがある。[50]

キク科植物による花粉症は、その花粉の外側にあるタンパク質にふれることで起こるアレルギー反応だ。[51] 敏感に反応する人は、1立方メートルあたりわずか数個の花粉でも激しい症状を起こす。北米で起こる花粉症の50パーセントはキク科ブタクサ属の花粉が原因だ。[52] ブタクサは荒れ地に群生し、夏の終わりから秋にかけて開花して花粉をまき散らす。1950年代以後は北米からヨーロッパに広まり、環境面からも健康面からも大きな問題となっている。[53] 近年になってブタクサが蔓延した原因のひとつは、ベルリンの壁の崩壊が招いた政治的、社会的、経済的変化だと考えられている。東西ドイツが統合された1990年代以降、旧東ドイツの多くの農地が放置されたままになっているからだという。

キク科植物は多くの人にアレルギー反応を起こして不快にさせているだけでなく、家畜を殺すことさえあり、経済的にも深刻な問題だ。黄色くて平らなデイジーに似た頭状花序をもつサワギクはユーラシア大陸原産で、野原や道ばたによく見られるありふれた植物だ。しかしイギリスでは、放牧されている馬がそれを食べて死んでしまったという悲痛なニュースが新聞紙面をしばしば飾る。世界全体ではこの種の事故で年間数億ポンドもの損害を受けているというから大きな問題だ。原因はサワギクに含まれるセネシオニンなどのピロリジジンアルカロイド類である。

第一次世界大戦の直後、南アフリカのふたりの医師が、小麦粉を食べた人に死亡者が出ていると報告し、その原因は南アフリカの固有種である2種のサワギクの成分が小麦粉に混入していたためだと発表した。[54] 南アフリカではモルテノ病、ニュージーランドではウィントン病、カナダではピク

中米原産のマンジュギクは16世紀以降ヨーロッパで広く栽培されている。

トゥ病と呼ばれるピロリジジンアルカロイドの毒が家畜にひき起こすこの症状は、19世紀後半から知られていた（イギリスで家畜がサワギクの毒で死んだという正式な報告は1917年に出ている）[55]。人間がピロリジジンアルカロイドの毒で死亡した事例はそれほど昔のものではなく、1990年代初頭にイラク北部の遊牧民がたまたまノボロギクのタネを食べてしまったというものだった。とはいえ、たとえば薬草療法において毒性のあるキク科成分が誤って混入したりすれば大変なことになる[56]。

もしサワギクが牧草地に混入すれば、牧場経営者にとっては損害だ。サワギクは苦みがあるので家畜は普通なら食べないのだが、牧草に混じって干し草になってしまえば食べてしまうだろう[57]。ただしヨーロッパでは20世紀初頭から中頃にはトラックが普及し、農耕や輸送の手段として馬を使うことはほとんどなくなった。サワギクによる家畜被害は、現在では経済的問題というよりは動物愛護の問題になっている。イギリスでは1959年制定の雑草法およびそれを改訂した2003年のサワギク管理法によりその蔓延を阻止する枠組みができている。しかしサワギクの犠牲になった動物、特に馬に対する感情面を考えると、サワギクによって命を落としたとされる動物についての情報に確かな根拠があるかどうかは、慎重に考えるべきかもしれない。

サワギクはいたるところに見られる有害な植物なので、それぞれの土地でいろいろな呼び名がついている[58]。「ふらふら草 staggerwort」というのはサワギクを食べた動物が毒のせいでよろめくようすを描写した言葉のようだが、本当は、かつてそのような症状を治す薬草として用いられていたところからついた呼び名だった[59]。その愛らしい花の姿に好意をいだいた人々もいる。イギリスの詩人ジョン・クレアは「サワギク」（1831年）と題した詩でその花の美しさを讃え、1920年代にはイギリスの挿絵画家で児童文学者だったシシリー・メアリー・バーカーが「花の妖精」シリーズの一点に加えている。イギリスのマン島の古い言語、マンクス語ではサワギクは「クシャグ」と呼ばれ、今も「島の花」の栄誉を与えられている。デイリーテレグラフ紙によれば、マン島のある農夫は、都会の連中をだましてどこにでもあるサワギクをマン島の土産にどうだと言って売りつけてやったそうだ。[60]

◉生活の彩り

色には重要な役割がある。[61] 自分の行動や思考を記録し、布を染め、体を飾り、世界に色を塗り、自分の感情を表現し、人生や社会に豊かさをもたらす。産業化以前の染色家たち、つまり現代の応用化学者の先祖たちは、何度も試して身につけた知識と技術によって植物の化学成分を高価で持ち運びのできる顔料にする方法を発見した。植物の学名でティンクトルム（*tinctorum* 染め物屋の）あるいはティンクトリウス（*tinctorius* 染め物用の）という部分があれば、それはその植物から顔料をとっていた時代の名残である。

ホソバタイセイ、キバナモクセイソウ、アカネ、オークなどから抽出される青、黄色、赤、黒の色素はよく知られている。一方、キク科のシオザキソウ、ハルシャギク、ベニバナ、ソーワート、イエローカモミールから採れる黄色、橙色、赤の色素やマメ科のナンバンコマツナギの藍色の色素はあまり知られていない。[62] 20世紀になって合成染料ができるまでは、アザミに似た一年草のベニバナはアジアや北アフリカで顔料を採るための重要な植物だった。もとは野生の雑草だったものが栽培されるようになり、北アフリカから南西アジア、中央アジアへと広まったようだ。[63]

ベニバナの濃い橙色の花びらに含まれる色素は多くない。黄色の色素はめずらしく水溶性のフラボノイドで、赤の色素はおもに水不溶性のカルタミンである。[64] 花は開いてから時間がたつとカルタミンが増えてくる。それを集めて乾燥させ、複雑な工程を経て顔料を採りだす。重さ1キロの綿布を深紅に染めるには1～5ヘクタールの畑から収穫した花が必要だ。[65]

酸を加えた水に乾燥させた花を一定時間浸して黄色の色素を除く。これはウールや絹や木綿の布の染色に使う。パルプのようになって残っている花びらを集め、ブロック状のかたまりに分ける。これは乾燥させて保存してもいいし、そのまま炭酸ソーダを入れた水と混ぜて深紅の色素であるカルタミンを抽出してもいい。このアルカリ性の水溶液に酢またはレモン果汁を加えて沈殿したカルタミンを取り出す。このカルタミンは繊維を染めることもできるし、絵の具や化粧品の材料にすることもできる。良質の顔料を得ようとするなら、この抽出工程はきわめて注意深く行わなければならず、生産者には高度の熟練と技術が求められる。

ベニバナから作られた顔料は遠く古代から、織物や化粧品や食物に使われてきた。[66] メソポタミアの楔形文字をきざんだ碑文からも約4000年前のエジプトの織物からもベニバナの顔料が発見されている。エジプト第18王朝のミイラにはベニバナの花輪で飾られたものがあり、ツタンカーメン王の墓からはベニバナのタネが見つかっている。[67] エジプト以外で科学的にベニバナ染めと立証されたもっとも古い布は8世紀の日本のものだ。[68] 時代は下るが、日本の芸者たちは口紅にベニバナの顔料を使っていたし、ベニバナの顔料と米粉を混ぜたものは浮世絵版画の赤色に使われていた。[69]

18世紀のイギリスでは法律文書を結ぶ綿のテープをベニバナの顔料で赤く染めていたので、「レッドテープ」という英語は官僚主義的なお役所仕事をさすようになった。ベニバナから採れた黄色の染料はサフランの代用に使われることもあり、ベニバナが「にせサフラン」とか「染物屋のサフラン」とか呼ばれることもあった。[70] それでもベニバナから採った黄色や赤の顔料は、キバナモクセイソウの黄色やアカネの赤色ほどには普及していなかった。

植物由来の化学物質が医薬品として有効だとしても、経済的に採算がとれるようになるまでには厖大な資本を長期的に注ぎこむ必要がある。また仮にそうしても、投資した資金を回収できるとは限らない。キク科では、今のところ抗マラリア薬のアルテミシアとステビアでなんとか採算がとれている状態だ。どの国も領土内で生育している植物とその特性に関する伝統的な知識には絶対的な権利をもつ、という国際的な同意は成立している。しかしその権利の行使を保証する取り決めなしでは、バイオの探索（生物のなかにある商業的価値のある物質を探索すること）がバイオに関する海賊行為を意味している現状は変わらないだろう。

「にせサフラン」とも呼ばれるベニバナは古くから顔料やオイルの原料に使われている。

第5章　食用植物としての一面

私たちが見るもの、ふれるもの、味わうもの、匂いをかぐもの、食べるもの、飲むもの……身にまとうもの、身を守ってくれるもの……のほとんどすべてが世界中にある植物から供給されている。

——ジョン・イヴリン『アセタリア——サラダに関する考察 *Acetaria: A discourse of Sallets*』（1699年）

20世紀中頃まで、キク科の野菜でいちばんよく食卓に上がっていたのはユーラシア大陸原産のレタス類（*Lactuca viminea*）だった。このレタスのことをウィットに富んだアメリカの作家アンブローズ・ビアスは、神から善人に与えられる美食という褒美であり、悪人に与えられる罰である、と書いている。しかし20世紀のうちに、レタスはキク科野菜の王者としての地位を北米産のヒマワリに脅かされることになった。はじめは園芸植物だったヒマワリが、脂肪とタンパク質の重要な供給源として農業の世界に進出したのだ。その結果、レタスの一種であるエンダイブは苦みを添える葉菜として、チコリはコーヒーの代用品としての役割を与えられることになった。

キク科植物の利用例。オイルを多く含む黒いヒマワリのタネ（左端）、そのタネの外皮をとったもの（右端）とオイル、タラゴン（中央の容器）、ステビアとカモミールをミックスしたもの（オイルの右側）、アーティチョークの芯のマリネ（瓶の中）とベニバナ染めの赤いリボン（右下）。

アーティチョーク［キク科チョウセンアザミ属］とその仲間のカルドンは、そのつぼみと花托《かたく》（花の基部）や茎を食べるめずらしい野菜だ。ダリアは食用というより観賞用に栽培されることが多いが、メキシコの先住民は地下にできる塊茎をジャガイモと同じように食べていた。南米産のヤーコンや北米産のキクイモも同じように塊茎が食用になる。[1] キクイモはジャガイモのように世界的に普及することはできなかったが、一部の地域では人々の空腹を満たし続けている。

キク科の植物には苦いものもあるが、タラゴン、エイルコスト、シュンギク、カモミールなどのように食べ物や飲み物に風味を添える芳香をもつものもある。悪名の高いアブサン――19世紀末のフランスの退廃的な政治的文化的状況を象徴する薬草入りの強いリキュール――にも、キク科のニガヨモギなどの香りがつけてあった。

キク科の植物は人間の食べ物になったものだけではなく、栽培種と野生種を合わせれば数千種にもなるキク科植物が、花粉を媒介する昆虫たちに住みかと食べ物を提供している。流行の言葉を使えば、生態系の維持に欠くことのできない役割を果たしているのだ。一方でキク科植物は農作物を害虫から守る強力な殺虫剤成分も生みだしているし、魚の漁に利用できる毒をもつものもある。

●豊かなサラダ

イギリス、オックスフォードにあるアシュモリアン博物館のエジプシャン・ギャラリーに足を踏みいれると、高さ2メートルもある石灰岩の像の一部がある。これはエジプトの豊穣の神ミンの像で、ミンは左手で大きな陰嚢をつかんだ姿をしている。5000年以上前にミン信仰の中心地だっ

古代エジプトの豊穣神、ミンの小像。末期王朝時代～プトレマイオス朝時代（BC664～BC30年）。

た上エジプトのコプトスにあったその像は、もとは少なくとも高さ4メートルはあり、巨大な木製の陰茎を勃起させた姿をしていたらしい。ミンを描いた壁画や像にしばしばみられる植物の葉のようなものを、多くの研究者たちはロメインレタスのようなものだろうと考えている。[2] 残念ながら古代エジプトのレタスについてはいくつかのタネが発見されているだけで、レタスそのものの痕跡や明らかにレタスとわかる画像は発見されていない。[3] したがってミン神の像に添えられた葉がレタスだというのは推測の域を出るものではない。

レタスに傷をつけると精液のような白い液が出てくるので、レタスと男性の性的能力を関連づけたくなるのは自然のなりゆきかもしれない。この液がミルクのように見えることから、レタス類の学名には「ミルクのような植物 *Lactuca*」を意味する部分がある。エジプトにはレタスのほかにもミルクのような液を切り口から出す植物は多いが、ここに記したように特別視されているのはレタスだけのようだ。

古代ギリシア・ローマの文学には、食べ物、便秘薬、催眠薬としてのレタスの働きについて書かれたものがたくさんある。[4] 1世紀のローマでは、自分が重病から回復したのはレタスのおかげだとして、アウグストゥス帝がレタスのための祭壇を建てている。「そなたはこの称賛に値する。なぜなら老いたアウグストゥスを守ったのだから。追放されたオウィディウスやキケロ亡き後も、どうしてアウグストゥスの命をさらに延ばしたのか？」。[5] また3世紀の皇帝タキトゥスは、他のことでは質素だったがレタスを食べるぜいたくだけは捨てきれなかったという。[6]

1世紀ローマの諷刺詩人マルティアリスはお得意の毒のある言葉で、レタスを緩下剤や化粧品として使うよう勧めている。「レタスを使いなさい……あなたは便秘に苦しんでいるような顔をしているから」[7]。マルティアリスはまた、ローマ人のレタスの食べ方が変化したことについて「私たちの先祖が食事の最後に食べていたレタスを、宴会の始めに食べるのはなぜだ？」とも言っている[8]。客が食事の前に胃腸をからにするためなのか、それとも眠くなった客はあまりたくさん食べられないから食事にかかる費用が少なくてすむとケチな主人役が考えたからなのかは定かではない。1世紀ギリシアの歴史家プルタルコスが、女性はどうしてレタスの芯を食べないのだろうと疑問を呈しているが、その答えも大きな謎のままである[9]。

17世紀のヨーロッパでは、もはやレタスに催淫効果があるとは考えられていなかった。それどころか正反対の評価だ。第4章でもふれた17世紀の植物学者ジョン・パーキンソンは「レタスを食べればすぐに若者の睾丸に効き……少しヘナを加えたものは節度のない性欲を抑制する」[10]と書いている。ジョン・ジェラードは「［栽培した］レタスの液を飲みすぎると性欲が衰え」、野生のレタスの液を「飲むと精子の発生を抑え、性欲は衰える」としている[11]。

17世紀末、ジョン・イヴリンは園芸の知識と実践に関する大著『王室の庭園 *Elysium Britannicum*』の執筆を計画していた[12]。その原稿は完成することはなかったが、彼はそのなかのサラダを讃える内容の章を『アセタリア――サラダに関する考察 *Acetaria: A discourse of Sallets*』（１６９９年）として発表した。イヴリンはそのなかでレタスを万能薬だとほめたたえ、「発熱したときは生で食べてまったく害はない。食べれば熱は下がり、病のもとの胆汁は治まり、喉の渇きは癒やされ、食欲が出てきて回復に向かう。それに何よりも胃の有毒ガスが抑えられ、よく眠れるようになり、痛みが和ら

19世紀末にヨーロッパで栽培されていたレタスのいろいろ。（上列：左から）カールドカリフォルニアレタス、ボーレガードレタス、アレッポコスレタス。（中列：同）ブラックシーディド・バスコスレタス、トムサムレタス、ホワイトシレジアンレタス。（下列：同）フローレンスコスレタス、アイスドラムヘッドレタス、レッドウィンターコスレタス。

ぐ。それに、貞節を守らせる効果もある」と書いている。[13]

スチュアート朝時代（1371〜1714）のイギリスの植物学者たちはレタスの多様性についてはあまり評価していなかったようだ。ジョン・パーキンソンはこう書いている。

> レタスには非常に多くの種類がある。私には信じられないほどだ……よく使われるものもあればそうでもないものもあり、大衆に広まっているものもある。高級品として扱われているものは少なく、それらを注文するには知識と慎重さが必要だ。[14]

彼はさらに続けて、レッドロメイン

レタス、ホワイトロメインレタス、ヴァージニアレタス、ありふれたランバードレタス、ヴェニスレタス、キャベツレタス、カールレタス、フランダーズクロパーズ、ウィンターレタスの名をあげ、アルファンジ・オブ・モンペリエ、アラビック、アンベルヴェレール、ベルグラード、カプーチン、クロスレタス、ジェノア、インペリアル、ロップ、フレンチミニヨン、オークリーフ、パッション、ロマン、シェル、シレジアンも加えた。[15] 少なくともジョン・ジェラードは、このような名称の多様性にはそれぞれのレタスの栽培環境の違いによるものもあると考え、「肥料の与えかた、移植のしかたによって……栽培しているレタスが形を変えることはよくある」と書いている。[16] このような栽培上の工夫は、紀元前4世紀のギリシアの哲学者アリストクセノスが勧めていた水にハチミツやワインを混ぜてまく方法よりは、味や形の改良に役だったことだろう。[17] 19世紀末にはフランスの種苗業者たちは100種類以上のレタスを売りだしていて、季節を問わず一年中どれかのレタスが手に入るようになっていた。

栽培種のレタスは地中海地域および南西アジア周辺に分布していた苦みのあるいくつかの近縁の野生種から進化したものだ。[18] 昔の農夫たちが苦みの少ない野生種を選んでは栽培を続けた結果である。タネから油を採るためにレタスを改良したらしい証拠も見つかっている。[19] 選択と改良を続けてきたことで人間とレタスとの関係も変わってきたのだ。

レタスには眠気をもたらす効果があるとも言われ、ベアトリクス・ポターのピーター・ラビットシリーズのうちの一冊『フロプシーのこどもたち』［石井桃子訳／福音館書店／1971年］では、子ウサギたちがレタスを食べたあとで眠っているところを庭師のマグレガーさんにつかまってしまう。つかまった子ウサギたちは食べられそうになるが、危ういところで両親のベンジャミンとフロプシー、それにネズミのトマシーナおばさんの手で助けられる。

今ではレタスはスーパーマーケットの野菜売り場の棚いっぱいに積まれ、サラダのかさを増やし、健康によいと宣伝されている。一方ではメイン料理の添え物あつかいされたり、「ウサギのエサ」と馬鹿にされたりもしている。それでも、大して栄養もないこのレタスが、地球上でもっとも広く消費されているサラダ用葉菜なのだ。[20] 2013年には世界で2500万トンものレタスが生産され、そのほとんどをロメインレタスと結球タイプのアイスバーグレタス［日本で一般に売られているレタス］などが占めている。[21]

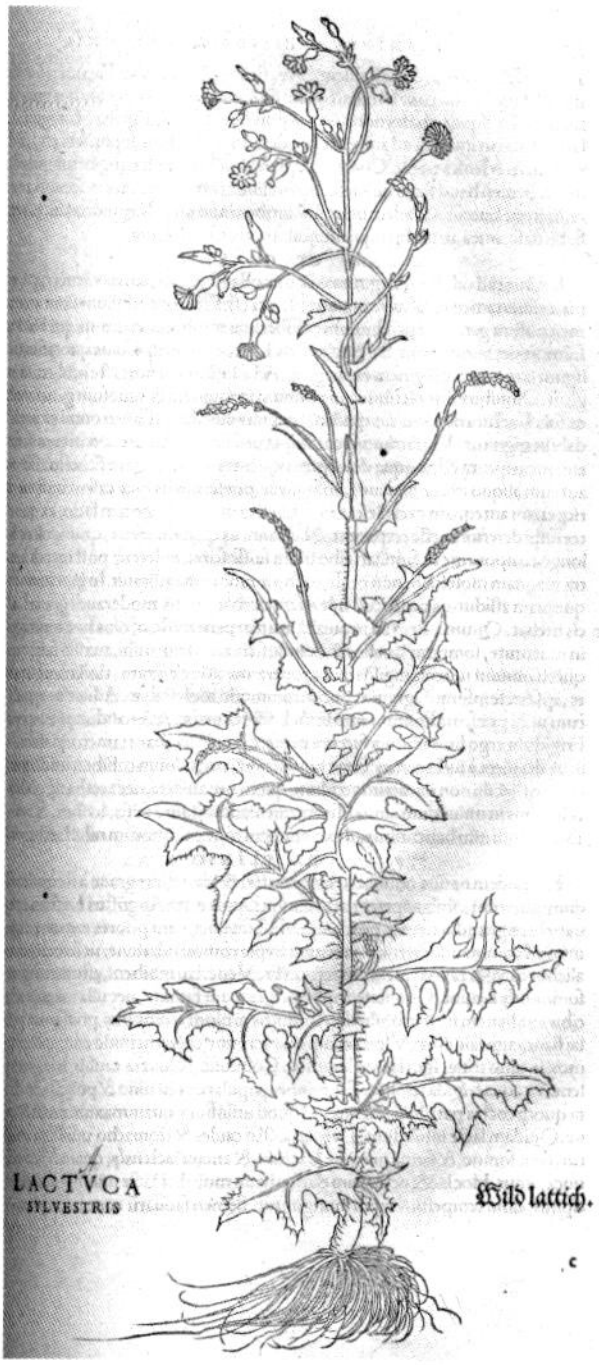

レオンハルト・フックスが『植物誌』(1542年) に描いた野生のレタス、ラクトゥカ・シルヴェストリス。

◉エルサレムのアーティチョーク

19世紀後半のイギリスで、デイジーに似た形の葉物野菜が「キューウィード」という名で一時的に広まった。これはその植物が1796年にペルーから王立植物園キューガーデンに移植されたことからその呼び名がついたものだ。[22] キューウィードは学名をガリンソガ（*Galinsoga*）といい、今は勇敢な兵士を意味するギャランソルジャー（gallant soldier）と呼ばれているが、これはガリンソガの聞き間違いから広がった名称だ。同様に聞き間違いや言い間違いが原因で妙な名前になったのが、英語でエルサレムアーティチョークと呼ばれている野菜、キク科ヒマワリ属のキクイモである。

エルサレムアーティチョークという名前は17世紀のイギリスの文献に見られる。この野菜がヨーロッパに入ったのはそのわずか3年ほど前で、それから20年もしないうちに北米に住むヨーロッパ出身者のあいだでもこの名前は知られていた。[23] 当時のイギリスの薬剤師で植物学者だったジョン・パーキンソンとトマス・ジョンソンは、「イギリスではどこかの馬鹿者がこの野菜をエルサレムアーティチョークなどと名づけてしまった。その理由は、この野菜の根が……アーティチョークの花の根元の芯のような味がする、というだけのことなのだ[24]」と大いに憤激し、さらにこう書いている。

だれでもすぐ気づくはずだ……この名前をつけた愚か者はこの野菜のことをほとんど何もわかっていないということを。葉も茎も根も成長のしかたも、アーティチョークに似たところはひとつもない。根を調理して食べたときの味が少しばかり似ているだけだ。しかもエルサレムどこ

アーティチョークの形をしたドイツ製の磁器香炉。1766年頃。

ろか、アジアの野菜ですらない。原産地はアメリカ大陸だ。[25]

名前の一部エルサレムはヒマワリを意味するイタリア語のジラソル（girasol）から来たらしい。言語学の「ホブソン＝ジョブソンの法則」［ある言語に入った外国語の音とスペルは入った先の原語の音とスペルに合わせて変更されること］によって、いったん定着してしまった発音とスペルは、理屈でいくら説明しても変えることはできないのだ。

というわけで英語ではイスラエルアーティチョークと呼ばれるキクイモは、地下にジャガイモに似た白色から薄い黄色の、でこぼこした塊茎ができる。この塊茎は古くなると赤みや青みがついてくる。そして「時には握りこぶしほどの大きさにまで成長し、翌年になって芽を出すところは少し突起している」[26]。キクイモはやせた土壌でもよく収穫できるが、気をつけていないと雑草化してしまう。イギリスの植物学者ジョン・グッドイヤーは1617年にロンドン在住のフランス人ジャン・ド・フランクイユからふたつの塊茎を譲りうけた。そのひとつをハンプシャー州の畑に植えたところ、驚くほどたくさんのキクイモが収穫できたという。[27]

キクイモの塊茎はキク科の仲間ダリアの塊根と同じように食物繊維が豊富な多糖類のイヌリンを多く含む。しかしイヌリンは人間の腸内で酵素によって分解されることはない。したがって低カロリーで食物繊維を多く含むイヌリンは、糖尿病の血糖値の管理や腸内フローラの活動を高めることができるものとして注目されている。しかし残念なことに、イヌリンを摂取すると副作用として胃腸障害を起こす人が一定の割合でいる。グッドイヤーもそのひとりだったようで「これを調理して

キクイモ。18世紀に描かれた食用植物画。

食べたら胃腸にガスが発生してむかつき、ひどく臭いおならが出たり大変な痛みに苦しんだりした。これはブタのエサにしたほうがよさそうだ」と書いている。[28]

この植物が自生していた北米では先住民がその塊茎を食べており、特に他の穀物が不作のときには頼りにされていた。フランス人探検家サミュエル・ド・シャンプランが１６０５年に現在のマサチューセッツ州コッド岬周辺に暮らす先住民のもとを訪れたときには、すでに栽培もされていた。[29]しかし17世紀のヨーロッパの植物学者も18世紀のリンネもキクイモの原産地を誤解していたようで、南米のペルーやブラジルを原産地とした記述も見られる。[30]キクイモの原産地に関しては19世紀アメリカの植物学者エイサ・グレイが「ほとんど確実に決着を見た」と断言しているのだが、20世紀になっても論争は続いた。[31]２０１４年、キクイモが属するキク科ヒマワリ属にくわしい北米の研究者チームがキクイモのすべての遺伝子構成を明らかにして、それが他の2種のヒマワリ属植物と複雑な交雑を繰り返して進化した結果生まれたものだと結論づけた。北米原産の作物は少ないが、これはそのひとつだったのだ。[32]

グッドイヤーが何と言おうと、17世紀には、エルサレムアーティチョークとかカナディアンポテトとか呼ばれていたキクイモは少なくとも裕福な人々のあいだでは一定の人気があった。「まず水からゆでて、サック〔酒精強化ワイン〕とバターに少しショウガを入れて煮こむ方法もある。またカボチャ、デーツ、ショウガ、レーズン、サックなどと共にパイにする人もいる」[33]。しかしパーキンソンも書いているように、キクイモは次第に高級感を失ったようだ。「最初にこの国に入ってきたときは上流階級だけのものだったが……今は流通量が増えて価格も下がり、誰でも食べられるものになったので、好きだと言う人より嫌いだと言う人のほうが多くなった[34]」。

ジャガイモなどのもっと口に合う作物が手に入るようになって、キクイモの人気はますます衰えた。しかし消費量は減ったものの、なくなることはなかった。19世紀に作られたパレスチナスープ（エルサレムアーティチョークを使う）のレシピは名前に関する誤解を不滅のものにしたが、それ以外にもサンルート（sunroot）、サンチョーク（sunchoke）などの名前で売りだされている。キクイモを原料とするトピナンブールという蒸溜酒——この名前自体もブラジル先住民トゥピ族にちなんで誤ってつけられている——は17世紀からヨーロッパにある高級酒だ。

気候変動が懸念されている現代の世界で、食料の供給量は人口増加に追いつけないのではないかという心配の声があがっている。政界や経済界の一部にはキクイモなどを新しい食料源としてはどうかと言う声もある。[35]同様にキクイモなどに含まれるイヌリンからエタノールを作り、石油に代わる燃料にできないかと期待する人もいる。[36]

◉アザミを食べる

ロバといえばガッチリした体つきをしたイメージがある。A・A・ミルンの『クマのプーさん』［石井桃子訳／岩波少年文庫］に出てくるロバのイーヨーはアザミが大好物だ。キク科オオヒレアザミ属の学名は「ロバのおなら」を意味する *Onopordum* であり、ロバはアザミが好きだということは公認されているようだが、その一方で食べすぎると腸内にガスが発生すると信じられていることもわかる。古英語の「アザミ thistle」はキク科アザミ亜科に属するトゲのある草本をさし、ヒマワ

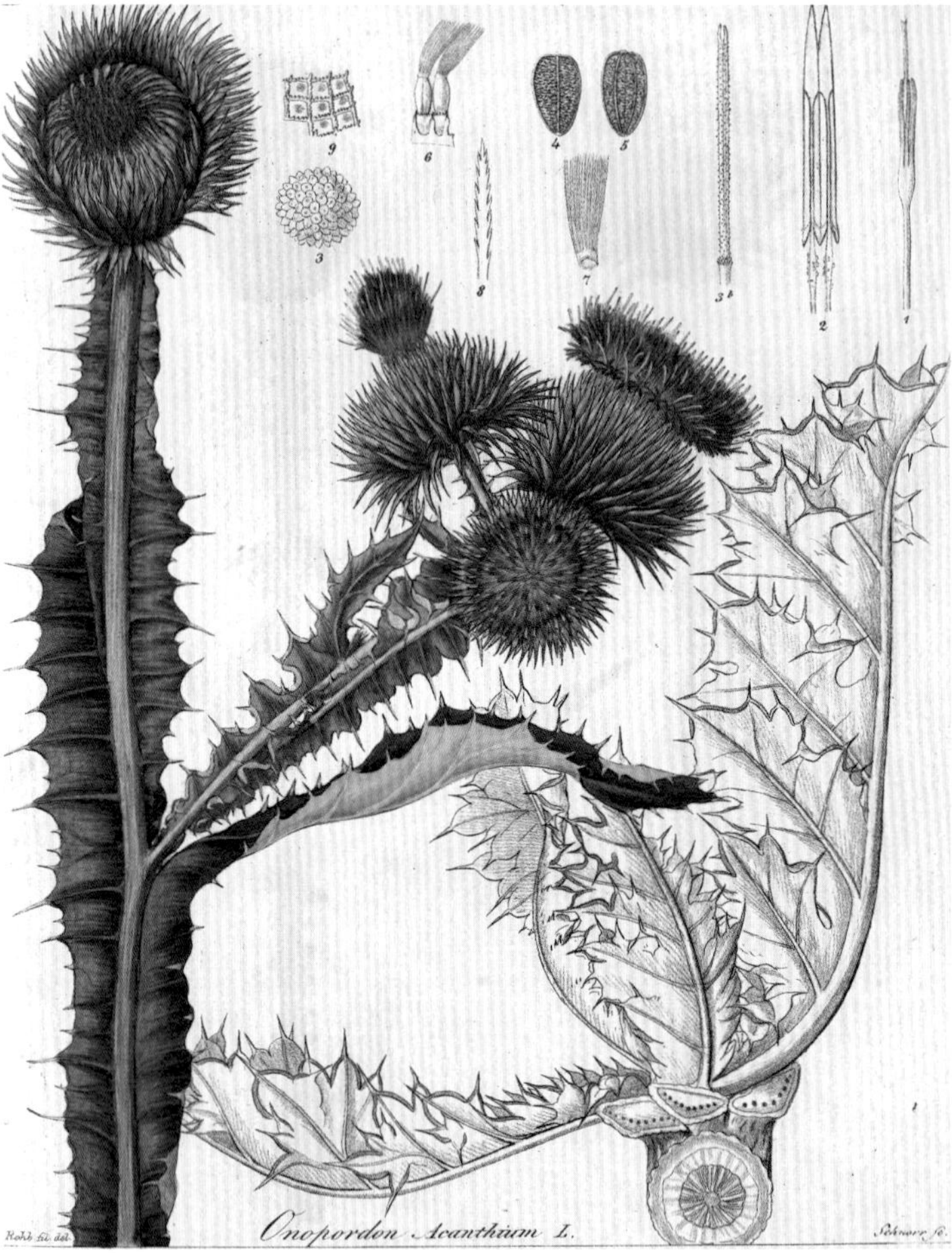

コットンシスル。かつては食用だったが、今は園芸用として人気がある。

開花したアーティチョーク。つぼみの苞葉と未熟な花托が食用になる。

リもそこに属していた。

トゲはあるものの、人類はミルクシスル、コットンシスル、スコットランドシスル、ゴロツキアザミ、ゴボウなどと呼ばれるアザミの仲間の茎や頭状花序や地下の根を何千年も食べ続けてきた。[37] 18世紀にスコットランドの植物相を記録したジョン・ライトフットは、スコットランドシスルはアーティチョークやカルドンと同じように食べられると書いている。[38] かつてイギリスで「タンポポとゴボウ dandelion and burdock」というソフトドリンクが流行したことがあるが、これは文字通りそのふたつのキク科植物から抽出した液を合わせたものだった。

ほかに食べるものがないときには、人間も野生のアザミを食べるしかなかったかもしれない。しかしアーティチョーク（和名チョウセンアザミ）やカルドンの開花前の頭状花序と葉柄《ようへい》については積極的に栽培し、交配して改良しては食べてきた。[39] 野菜売り場で見かけるアーティチョークは、大きくてうろこのようなものにおおわれ、紫がかった緑色をした花（頭状花序）のつぼみだ。そのつぼみのうちでも肉厚なふたつの部分、つまり花の根元をおおう総苞《そうほう》と、頭状花序を構成するいくつもの小花の根元をささえる花托《かたく》を調理して食べたり、オイル漬けにしたりする。アーティチョークの近縁種であるカルドンの場合は、若い葉柄がセロリのように枝分かれしているので、その部分も同じようにして食べる。

　野生のカルドン、栽培種のカルドン、アーティチョークは3つの異なる種なのか、それともひとつの種の変異体なのかについては何十年も議論されてきた。現時点では、ひとつの種の3つの変異体と見る説が有力である。

　野生のカルドンはトゲが多く、西はマカロネシアから、地中海の北岸南岸を経て東は黒海にいたるまでの広い地域に分布していた。[40] その栽培種が現代のアーティチョークとカルドンだ。

　野生のカルドンと比べれば栽培種はトゲが少なく、それぞれが異なった性質をもつように改良がなされてきた。アーティチョークは大きな頭状花序をもつものが、カルドンは大きな葉をもつものが好まれてきたのである。[41]

　アーティチョークとカルドンがアザミに似ていること、また古代ギリシア・ローマ人たちがアザミに似たいろいろな花を同じ名前で呼んでいたことから、古代文学に出てくるアザミは何をさしているのかについてはさまざまな議論がある。20世紀には、カルドンは古代の文人たちによく知られていたが、アーティチョークが知られるようになったのは16世紀からだろうという説が支持されていた。[42] しかし歴史的証拠の再検討により、最近では正反対の説が有力になっている。アーティチョー

カルドン。アーティチョークの近縁で、葉柄を食べるために選択交配されていた。

クは西暦1000年までのあいだにシチリア島で野生のカルドンから改良され、交易路に沿って地中海沿岸に広まったが、カルドンは西暦1000年〜1500年のあいだに自生地の西部で栽培されるようになった、という説だ。[43]

アーティチョークとカルドンはヨーロッパ人の海洋進出にともなって世界に広まり、一部の地域では雑草化した。1833年11月にバンダオリエンタル（現在のウルグアイ）を訪れたときの報告に、チャールズ・ダーウィンはこう書いている。「見渡す限りアザミとカルドンが敷きつめられている。まさに巨大なベッドとしか言いようがない……カルドンはなんと馬の背ほどの高さがある」[44]。

◉ほろ苦い香草

野菜類の品種改良では何世代にもわたりできるだけ苦みを除く努力が続けられてきたが、キク科植物のなかにはその苦みが愛好されているものもある。今では苦みの強いヨモギギクはほとんど消費されていないが、いつもそうだったわけではない。19世紀より前には、ヨモギギクは腎臓の不調、女性の不妊、痛風などを改善する季節感のあるハーブとして人気があった。[45] いちばんもてはやされたのはイースターの時期だ。聖書にある「過ぎ越しの祭」からの連想もあって、ヨモギギク（ニガヨモギ）はレント［イースター前の飲食を慎む期間］と結びつけられていた。ただしこの時期に需要が高まったのは宗教的な理由というよりは、虫よけになると信じられていたからだ。

17世紀のイギリスの高級官僚であり、詳細な日記を書き残したことで有名なサミュエル・ピープスは、1666年4月20日、愛人のひとりと「散歩がてらロンドンのパブ『キングスヘッド』まで行き、楽しく1〜2時間過ごしてヨモギギクを食べた」と書いている。[46] 彼の生きた王政復古時代（1660〜1688）、ヨモギギクのしぼり汁は卵をたっぷり使ったプディングの風味づけによく使われていた。しかし18世紀のプディングのレシピを見ると、ヨモギギクを入れるのは苦みより緑の色をつけるためだとされている。[47]

チコリとエンダイブはヨーロッパ原産の植物で、その葉と根を食べるために栽培されるようになった野菜だ。チコリの根にはもうひとつ利用法がある。タンポポの根と同様、コーヒーの代用品になるのだ。チコリの根を細かくきざみ、炉で乾燥させてから粉にする。すると根に含まれている多糖類イヌリンの一部が分解してカラメル状になる一方、苦みのもとのセスキテルペンラクトンは減少する。そしてかすかにリコリス（カンゾウ）に似た香りのするコーヒーの粉のようになるのだ。[48]

1850年のイギリスでは約550万トンの焙煎されたチコリが「モカパウダー」「レディーズコーヒー」「ペクトラルコーヒー」「チャイニーズコーヒー」などの商品名で流通していた。[49] しかしヴィクトリア女王ご用達のエディンバラのコーヒー商ウィリアム・ローは、チコリはコーヒー商人にとって脅威にはならないとして「色のほかにはコーヒーと似たところはひとつもなく、利点は値段の安さだけだ」と言いきっている。[50]

フランスではナポレオンが植民地産のものより国内産のものを使おうという政策をとった結果、コーヒーの代用品としてチコリが使われるようになった。一方、19世紀初頭にチコリの粉末とコーヒーを混ぜたものを売りだしたのはオランダ人のアイディアによる。フランスもそれをまね、イギリスでは1830年代にしゃれた飲み物として流行した。[51]

チコリの頭状花序。根と若葉が食用になる。

1820年、イギリスにおける食品偽装に関する化学者のフリードリッヒ・アッカムの論考が出版された。[52] これに対し、ある皮肉な書評家は感謝の意を表しつつも、「私たちの目を開いて社会に大きな貢献をしてくれたことはありがたいが、私たちはこれから何も食べられなくなるかもしれない」と書いている。[53] それはさておき、じつはチコリはアッカムのあげた偽装食品のリストには含まれていなかった、というのは有名な話だ。

コーヒーにチコリを混ぜた製品は1840年に法律で認められたが、それに続く13年間、国会ではチコリ容認派と反対派、保護主義者と自由貿易主義者、国内取引と国際取引、企業活動の自由と企業への課税などさまざまな立場からの論戦があった。[54] 国会におけるコーヒー派のリーダー格は植民地省次官のトマス・アンスティだった。コーヒー生産者の言い分は、チコリコーヒーが1ポンド売れるたびに、コーヒーの売り上げが1ポンド減るという単純なものだった。

ジャマイカでコーヒーのプランテーションを経営し、『シモンズの植民地および海外の生活に関する雑録 *Simmonds' Colonial Magazine and Foreign Miscellany*』という雑誌を編集発行していたピーター・シモンズは、チコリコーヒーは非常に大きな利益を得られるので、この頃ではコーヒーに混ぜるチコリにさらに混ぜ物をする連中が現れた、と書き、さらにパースニップの根の粉末、白ニンジン、ラディッシュ、マメ類、レンガの粉、土、パンやドングリを焼いたものなどが混ざったチコリの粉末の健康上のリスクを強調して、読者を大いに喜ばせた。[55]

対するウィリアム・ローは落ち着いていた。とにかくコーヒーを飲む人々は、純粋なコーヒーよりチコリを混ぜたコーヒーのほうが好きなのだ、と言って植民地のコーヒー生産者が何を言おうとかまわずに、結局は市場が決めるだろう、つまり「生産者間の競争と消費者の好みの変化がすべてを決着させるはずだ」と見ていた。[56] 最終的には、コーヒーを販売する際にはチコリが入っているかどうかを明示するよう義務づけるということで合意がなされ、これがその後のイギリスにおける食品偽装の防止と取引の基準に関する法令の基礎となった。

1876年、法律に準拠して砂糖、コーヒー、チコリを混ぜた濃縮飲料がグラスゴーで発売され、それは今も売られている。「キャンプコーヒー」と名づけられたその瓶の発売当初のラベルは大英帝国風のロマンにあふれたもので、インド人の給仕が英国陸軍スコットランド連隊の制服を着た主人にコーヒーを注ぐ絵が描かれていた。だが政治状況の変化にともない、このような大英帝国色は次第に薄れていった。現在のラベルでは、インド人の男性と制服姿のイギリス人が並んで座ってコーヒーを飲んでいる。適切なラベルがついたこの商品も、チコリだけを使った商品も、今では健康食品として売られている。

1845年〜1852年のアイルランドのジャガイモ飢饉は、何十万人もの人々に、命にも関わる深刻な打撃を与えたが、このときチコリ栽培はピークに達した。アイルランドの巡回裁判所判事だったウィリアム・シーモアは「チコリはその他の政治的思惑による多くの『代用品』よりはるかにアイルランドの労働者階級に実質的な利益をもたらすことは明らかだ」と論じた。[57] もっともチコリ栽培がアイルランドに根づくことはなく、同じ頃イングランド北部のヨークに作られた多くのチコリ畑も、自家製のチコリに対する税制上の優遇措置がなくなるとつぶされてしまった。

◉香りづけのハーブ

香りの良いハーブは、カロリーはないが食べ物や飲み物をよりおいしく感じさせることができる。キク科のハーブとしては、かつてはホップのかわりにビールの香りづけに使われていたエイルコスト（コストメアリ）やアンデス地方の料理に使われるワカタイもあるが、もっともよく料理に使われるのはキク科アルテミシア属のニガヨモギだ。

ギリシア神話の月と狩りの女神の名前がつけられたアルテミシア属には、北半球に生育する約400種の植物が含まれている。英語名の「ワームウッド wormwood」は古英語の「ワーモド wermod」が語源である。ドイツでは「ヴェルムート wermut」といい、フランス語に入って「ヴェルモット vermouth」となった。これはニガヨモギで風味をつけていたカクテルの名前になっている。

聖書に「苦よもぎよりも苦くなり」という表現があるほど、ニガヨモギの苦さは有名だ。[58] 同じヨモギ属でもフランスタラゴン（エストラゴン）は少し異なる。細長くかすかにアニスのような香りのするタラゴンの葉はフランス料理のフィーヌゼルブ「数種類のハーブをみじん切りにして合わせたもの」には欠かせない。フランスタラゴンは有性生殖しない栽培種なので、無性生殖で増やす。一方、フレンチタラゴンの代用に使われることもあるロシアンタラゴンはやや太めで種子で増えるが、フレンチタラゴンと比べると香りの繊細さにやや欠ける。

銀色がかった緑色の深いきざみのある葉をもち、小さな花がかたまって咲く一般的なニガヨモギは、もっとも苦い植物のひとつと言われている。なみなみと水が入ったオリンピックサイズ・プールに乾燥させた葉をひと握り入れただけで苦さが感じられるという。[59] 苦さの元はアブシンチン、アナブシンチン、アルタブシン、マトリチンといったセスキテルペンラクトン類である。

ニガヨモギは遅くとも古代ギリシア・ローマ時代からアルコール飲料の風味づけに使われてきた。[60]

ニガヨモギの風味をつけたヨーロッパの蒸溜酒には東南ヨーロッパ諸国のペリンコヴァック、ポーランドのピオルノフカ、スウェーデンのマロートなどがあり、ビールにニガヨモギを入れたイギリスのパール、ワインに入れたルーマニアのペリンもある。しかしいちばん名を知られたニガヨモギ風味の酒と言えば、やはりアブサンだ。

アブサンは18世紀にスイスで生まれたが、その後1世紀以上たってから、フランスの知識人たちのボヘミアン的な生き方と強く結びつくことになった。フランス人は1910年に3600万リットルのアブサンを飲んだという。[61] フランスではアブサンに砂糖と水を加える儀式じみた手順と、そのための特別なグラスと穴あきの大きなスプーンといった道具立てがととのえられていた。できあがるのは少しとろみがあり、オパールのような光彩を発する薄緑色の飲み物だった。

フィンセント・ファン・ゴッホが1890年に自殺すると、世間はアブサンの飲みすぎをうたがった。[62] アブサンにはツヨンという有毒成分があり、それが中毒症状や幻覚を起こすと考えられていたのだ。第一次世界大戦の勃発とともにアメリカとヨーロッパの多くの国ではアブサンの製造販売は禁止となったが、20世紀末にはツヨンの影響についての再検討が行われ、解禁となった。[63] 今では少し危険な香りのする通好みの酒として一部の人に愛飲されている。

フィンセント・ファン・ゴッホの作品「ひまわり」(第4作の模写)。1889年。

第6章　さまざまな利用法

彼はこの8年間、キュウリから日光を採りだす研究に励んできた……その日光を総督の庭に適正な料金で供給できるはずだった。

――ジョナサン・スウィフト『ガリバー旅行記』〔山田蘭訳／角川文庫／2011年〕

人間が植物によって金銭を得るためには、植物の必要を満たすために自然の景観に何らかの変化を――それもかなり大きな変化を――加えることが求められる。私たち人間と植物との関係は常に変わる。私たちが植物を、そして植物が私たちを変える。地球上の景観は、私たちが農業をするのに都合のいいように作りかえることで変化してきた。それは人間が暮らしていくうえで必要不可欠な変革だった。[1] 過去1万年以上にわたり私たちは森を切り開いて平地にし、沼地や湿地の水を抜き、草原を耕して作物を植え、家畜を育ててきた。現在では地球上の陸地の約3分の1が農地になっている。2050年までには世界の人口が90億人に達すると見られ、農地と農産物を増やす必要は今後さらに高まるだろう。[2]

炭水化物を含むイネ科植物やキャッサバ、ジャガイモなどの塊茎、そしてタンパク質を含むマメ類は、人類が最初に農業を行って口にした食物だった。しかし糖類、脂肪、動物性タンパク質が簡単に摂取できるようになった過去60年間で、私たちの食生活は大きく変化した。さらに植物は工業資源としても使われるようになった。これまで農作物としては使われていなかった植物も、その油を採るために農地に植えられるようになった。1961年以後、全世界の採油用植物の作付面積は年ごとに拡大を続け、約1億1400万平方キロから2倍以上の約2億9000万平方キロとなっている。[3]

全世界の採油用植物を作付面積の多い順に4つあげると、ギニアアブラヤシ（パーム油）、大豆（大豆油）、セイヨウアブラナ（菜種油）、ヒマワリ（ヒマワリ油）となる。植物油に対する需要が今後減少する可能性は低いだろう。これまで化石燃料に頼りきってきた従来の経済活動にとって、現存する植物由来の燃料がその代替となるかどうかの研究が現在も進行中なのだから。地球上の限りある陸地で、人間が暮らす場所、食物を育てる場所、燃料を供給するための場所の奪い合いが起こるもしれない。いずれにせよ、もっと有効に土地が使えるようになるまで、私たち人間は地球上の他の生物と共存していくしかない。

●役割の変化

これまでの研究により、ヒマワリは約5000年前に北米東部に住んでいた人々によって、その大きなタネを得るために栽培されていたことがわかっている。[4] ヒマワリは北米で栽培されていた数

17世紀の観賞用ヒマワリ2種（*Chrysanthemum Peruvianum maius* と *Chrysanthemum Peruvianum minor*）

少ない主要作物のひとつだ。しかしコロンブス以前のメキシコ文明でヒマワリがどの程度まで人々の日常生活や宗教、文化に関わっていたかについては、考古学、言語学、文学などの観点からさまざまな議論が続いている。[5] 北米で栽培されていたもうひとつのキク科植物はヒマワリ連に属する沼地性の一年草マーシュエルダーで、現在のアメリカ合衆国の中部から南部にかけて約4000年前に居住していた先住民が、タンパク質と脂肪分の多いタネを得る目的で育てていたようだ。しかし彼らはもっとおいしい作物を見つけたらしく、ヨーロッパ人がその地を訪れたときにはもう栽培していなかった。[6]

ヨーロッパ人がやってくる以前の北米地域で、ヒマワリはまず食物、薬、繊維、染料などの用途で栽培されていたが、やがて楽器の一種や鳥をとらえるワナにも使われるようになっていた。[7] その後ヨーロッパに持ちこまれたヒマワリは、単に庭を彩る新しい花のひとつとして扱われた。17世紀初頭、ジョン・パーキンソンは「薬としての使い道はない……ヒマワリの花を調理してアーティチョークのように食べるとおいしいと言う人もいるが、私の好みには合わない」と書いている。[8]

20世紀になるとヒマワリは花の美しさだけでなく、脂肪分やタンパク質やビタミンEを含むタネの商品価値によっても人気が出てきた。ヒマワリのタネは冠毛がないので風で飛んでいくことはなく、乾燥した外殻が、薄い膜におおわれた油分を含む仁《じん》（種子本体）のまわりを包んでいる。ヒマワリのタネの卸値は21世紀に入ってかなり乱高下した。2001年2月には1トン当たり約600ドルだったが2007年には1600ドル以上に跳ねあがり、それをピークに2014年10月には900ドルになった。[9] また2001年から2003年のあいだに、全世界のヒマワリのタネの粗生産額は約100億ドルから250億ドル以上へと跳ねあがっている。[10] しかしヒマワリのタネのほとんどは原産国で消費されるので、国際取引額は限られている。

ヒマワリがもたらす価値のほとんどはオイルによるもので、オイルにはさまざまな用途がある。食用のヒマワリオイルはほとんど味がなく、色も薄く、動物由来の飽和脂肪酸よりヘルシーな不飽和脂肪酸（特にオレイン酸とリノール酸）を多く含んでいる。ヒマワリオイルはオリーブオイルより値段が安いので、ヨーロッパ諸国やロシア[11]で人気があり、料理に使われるほかにもマーガリンの原料になったり、さらにはバイオディーゼル燃料の製造に使われたりもしている。オイルを搾ったあとの残りカスも動物に与える高タンパクのエサとして売ることができる。

オイルを含むヒマワリのタネには用途がふたつある。ひとつはオイルを搾ること、もうひとつはそのまま人間やペットが食べることだ。[12] オイルを搾るためのヒマワリのタネ――もちろんこちらが目的の大半なのだが――には3種類ある。リノール酸が45～75パーセントのもの、オレイン酸が55～75パーセントのもの、オレイン酸が85～90パーセントのものの3種類だ。オレイン酸が多い2種は上質の料理用オイルの原料になるので、作付面積がいちばん多い。オイル用のタネは小さくて黒く、外殻が薄いのに対し、そのまま食べるものは大きく、白と灰色のしま模様がある厚い外殻をかぶっていて油分は少ない。このタイプのうちでも大きいものは殻付きのまま、中ぐらいのものはむき身で人間が食べるスナックになり、小さいものはペット用のエサになる。

２０１３年には４４００万トンのヒマワリのタネが生産されたが、その40パーセントはウクライナとロシア連邦で育てられたものだ。[13] １９９０年代中頃までの旧ソ連時代には、一面にヒマワリ畑があるロシアにおける生産量はほぼ一定だったが、１９９０年年代の後半に急激に増えた。それとは対照的にヒマワリの原産地アメリカにおけるヒマワリのタネの生産量は、世界的にみればわずかなものだ。１９７０年代中頃まで、アメリカ合衆国では年間わずか50万トンしか生産されていなかった。１９７０年代後半には最大値（３００万トン以上）を記録したが、80年代にはまた大きく減少し、その後も多少の回復が見られるだけだ。

生産量はその地域の政治的状況に左右されるようで興味深い。アメリカ合衆国の生産は１９６１年以降着実に増加し、旧ソ連の生産は１９９０年代初めに大きく減少している（１９８９年には１ヘクタール当たり１・７トンだったが、１９９４年には０・97トンになった）。生産量が減少した時期は、ソヴィエト連邦の崩壊とそれに続く政治的混乱の時期と重なる。ソヴィエト崩壊以前にはアメリカよりソ連の生産のほうが多かった。１９９０年代中頃から旧ソ連の生産高は増加傾向になったが、それでもアメリカ合衆国の生産高を上まわったのは2013年のことだ。オイルを採ることのできるその他のキク科植物として、ベニバナとニガーシードがある。どちらも栽培の歴史は長い。[14] ヒマワリオイルと比べれば生産量はごくわずかだが、カザフスタン、インド、エチオピアの経済にとっては重要な農産物である。ベニバナは少なくとも7000年前からシリアで、ニガーシードは少なくとも3000年前からエチオピアで栽培されていたことがわかっている。どちらも調理用と灯火用に使われていたらしい。[15]

このふたつの植物のタネにもヒマワリのタネと同じように不飽和脂肪酸のリノール酸とオレイン酸が多く含まれている。ベニバナオイルにはオレイン酸の多いものとリノール酸の多いものとの2種類があり、前者は人間の食用に、後者は塗料やバイオディーゼル燃料の製造に使われている。[16] 最近では野鳥や飼い鳥のエサにするミックスシードの材料としてニガーシードの需要が高まっており、エチオピアや南インド以外での栽培も増えてきた。

◉日光を液体にする

農作物の品質向上には、好ましい遺伝子を選択したり有害な遺伝子を除いたりすることが欠かせない。伝統的な品種改良の方法は、作物に好ましい性質をもたせる特定の遺伝子の出現を増やすために交配を繰り返す方法、もしくは意識的無意識的な選択による方法だった。20世紀のヒマワリ生産者たちは、この伝統的方法だけを使ってヒマワリオイルの生産量と品質を見事なまでに向上させてきた。しかし世界的な気候変動、人口増加、生育地の減少などがあって、生産者は伝統的な方法に加えて遺伝子組み換え――ときにはまったく別の植物の遺伝子も使って――などの先進的な技術を使わざるをえなくなっている。

オイル原料としてのヒマワリに対する関心がヨーロッパ全域とアメリカ合衆国に広がった時期は比較的遅かった。一方ロシアでは、すでに１７７９年にはヒマワリをオイル原料とみなしていたようだ。これはロシア正教会がレント［復活祭前の飲食を慎む期間］でもオイルの使用は禁じないとの布告を出したためらしい。[17] 19世紀末には、タネからオイルを搾ったりタネをそのまま食べたりするための品種がロシアで栽培されるようになっていた。[18] そしてちょうどその頃、従来のものより収量の多いヒマワリのタネ――たとえばマンモスロシアンという品種のタネ――が北米に、おそらくロシアからの移民の荷物とともにもたらされた。

20世紀初頭、ロシア人の品種改良家ヴァシーリー・ステパノヴィチ・プストヴォイトが収穫量を減らすことなくヒマワリのオイル成分を増やす研究を始め、１９１３年には約30パーセントだったタネに含まれるオイル成分が、１９５０年代後半には50パーセントに達した。[19] この成果はおもにタネの外殻を薄くすることで得られたものだった。[20] １９６０年代にはロシアで開発されたペレドヴィクという品種が西側世界でもヒマワリオイル生産の主流となり、ソ連産のタネが冷戦下の米ソ業者間で不正にやりとりされるという産業スパイ事件まで起こった。[21]

ソ連の品種改良家たちは一年草のヒマワリから自然に生まれた変種を使って改良していた。１９５０年代になると北米の品種改良家たちが異なった遺伝子をもつ植物を交雑した変種は純粋種より繁殖力が強いことを発見し、その利点を活用するためにヒマワリの交雑を始めた。ところが産

ヒマワリの頭状花序

業レベルで交雑種を栽培するには交雑前の雌花が必要だが、交雑して生まれた雌花はすでに交雑種（ハイブリッド）だ。一般に、交雑種同志では交配できない。かといって、交雑していない雌花を常に確保することは手間がかかりすぎて経済的に割に合わない。

ひとつひとつの花の雄しべをゆっくり慎重に取ってしまうことは不可能ではないが、より効率的な方法は遺伝的に生殖力のある花粉を作れない雄しべを見つけることだ。1960年代後半、生殖力のない細胞質（CMS）をもつ個体が発見されたことで、品種改良家たちの望みはかなえられた。この細胞質は核の遺伝子とミトコンドリアDNAとの相互作用から生まれたもので、その個体は生殖機能のある葯《やく》［雄しべの先にあり、その中で花粉を作る袋］や花粉を作ることができない。西側世界で1970年代にこの技術を使った最初のハイブリッドが開発されると種苗会社は大いに興味を示し、ヒマワリの栽培が増える結果になった。

ヒマワリの品種改良は現在も熱心に進められている。栽培地域の環境変化と消費者の要求の変化がそれに拍車をかけている。ここ数十年の品質改良の成果によりヒマワリオイルの生産量が増加したが、それに加えてオイルの組成を変えることが可能になり、市場の小さい特殊なオイルの需要にも応じられるようになった。

すべての農作物の例にもれず、ヒマワリもさまざまな病虫害に脅かされている。しかしヒマワリが害虫による深刻な被害を受けているのは、害虫がヒマワリとともに進化している北米地域だけだ。鳥はヒマワリのタネを食べてしまう害獣だが、品種改良により花のつく角度を少し変えれば鳥の被害は避けられる。[22]

交雑により成長力を高められたヒマワリのタネの収量は劇的に増える。また、受粉に最適な環境で栽培することによっても収量は増加する。ヒマワリのタネをまいた子供なら誰でも、それがうんと高く伸びてほしいと思うものだが、高く伸びすぎれば雨や風に当たって花がダメになるおそれがあるので、ヒマワリ栽培農家にとってはむしろ避けたい事態だ。さらに、ヒマワリは旱魃や水害や塩害が起こるような場所でも栽培されているので、そうした厳しい環境にも耐えられる品種を求めて研究が続けられている。

多くのキク科植物と同様に、野生のヒマワリも自家受粉を避け、昆虫の媒介によって受粉する仕組みになっている。昆虫、特にハチは野生のヒマワリの受粉に欠くことのできない存在だ。雄しべと雌しべを備えた頭状花序の中で蜜が作られ、それを得るためにハチは口器《こうき》を雄しべと柱頭のあいだに差しこみ、そのとき体についた花粉を意図せず次の花まで運ぶ。現在農作物としては圧倒的多数を占めるハイブリッド種のヒマワリは自家受粉でタネを作るので、昆虫の力は必要ない。しかし、そもそも大量にハイブリッド種のタネを生産しようとするとき、昆虫の働きはどうしても必要となる。なぜなら生殖力のある花粉を生殖力のない雄しべに運ぶ必要があるのだから。昆虫の働きなしでは、ハイブリッドヒマワリのタネの生産には大変なコストがかかってしまう。そこで品種改良家たちは花の色、小花の配置や形、蜜の成分などが昆虫にとって魅力的になるよう選別による改良に努めている。

製薬会社が新薬を市場に出すまでに膨大な金額を費やすように、農作物の品種改良にも多額の資金が必要だ。したがって農作物を生産する企業は、当然そのコストに見合うだけの利益と作物につ

氏名不詳のイタリア人画家が描いた「ヒマワリ」。16世紀。

いての知的所有権を求めることになる。
20世紀に劇的に進んだヒマワリの品種改良を見れば、多様な遺伝子のなかから適切なものを選ぶことで大きな成果が得られることがわかる。そこで、将来のためにヒマワリの遺伝的多様性を保持することは、緊急を要する全世界的な課題だと考えられるようになった。20世紀初頭、ソ連の遺伝学者ニコライ・ヴァヴィロフは農作物がもつ多様性に魅了された。そして、ある植物が最初に農作物として栽培され、近縁の野生種がまだ存在するような場所こそ、もっとも遺伝的多様性が豊かな場所だという確信を得た。そこでヴァヴィロフと彼の弟子たちは世界中のそのような場所を訪ねてタネを収集し、その保管のためにレニングラード（現在のサンクトペテルブルク）に巨大な保存施設「種子銀行」を設立した。[23] しかし多くの関係者の努力にもかかわらず第二次世界大戦後にその遺伝資源のほとんどは失われてしまったので、再建が待たれるところだ。[24]
ただし農作物の遺伝資源の保存に努めたのはヴァヴィロフとその仲間たちが最初だったわけではなく、また最後でもなかった。現在も植物の野生種と栽培種の保存を目的とした世界的ネットワークは存在する。収集された遺伝資源の一部は、北極に近いノルウェーのズヴァールバル諸島のひとつ、スピッツベルゲン島の岩盤を掘って作られたズヴァールバル世界種子貯蔵庫に保管されている。[25] 種子銀行に保管されている種子の将来は、全面的に施設管理者と基金運営者の収集物に関する知識と決断にかかっている。種子銀行の管理者には世界的視野と節度が求められており、有効活用のためには積極的な管理が必要だ。

◉持続可能な収穫とは

現代文明は最後の氷河期が終わったあと、約1万1700年前から現在まで続く完新世《かんしんせい》のあいだに発展したものだ。イギリスで産業革命が起こったのが約200年前で、それを境に人類は地球の環境変化を人為的に操作するようになったという観点から、産業革命を「人新世《じんしんせい》」のスタートと見る人もいる。[26]完新世は気候変動、生物多様性、土地利用、汚染などの過程という視点から見れば、人類にとって安全に生きられる環境だった。「人新世」初期である今は、完新世が線を引いた限界を自分たちが超えてしまったのかどうかを検証すべきときなのかもしれない。

明確な定義のないまま使われている「持続可能」という言葉は、環境資源を開発し、保護している人々や組織が使うあいまいな逃げ口上になる可能性もある。2009年のコペンハーゲン国連気候変動会議の準備を熱心にしていた段階で、環境を破壊することなく資源を持続的に利用することの可能性を客観的に評価する指標として、ある国際的な研究者グループがさまざまな問題点をまとめ、種の絶滅、環境汚染などいくつかの項目を抽出し、人類の活動がある閾値《いきち》または転換点を越えてしまった後には取り返しがつかない不可逆的かつ急激な環境変化があるものを定義し、それを「地球の限界（プラネタリー・バウンダリー）」と呼んだ。[27]

彼らが出した結論は世界を震え上がらせた。農業は遠い先ではなく、今この時も環境に悪影響をおよぼしている。世界的な種《しゅ》の絶滅と環境汚染の現在のレベルは、特に窒素とリンの量は人間にとって安全なレベルを超えている。より大きな視点で見れば、森林破壊と気候変動も限界を超えつつある——というのだ。[28] 食料生産がさらに長期におよぶ悪影響を地球に与え続けないためには、この状況を変える農業の進め方を早急に見出さなければならない。

産業としての植物の品種改良は、それを求める市場あってのものだ。1980年代中頃にアメリカのヒマワリ由来の製品の生産高が落ちこんだように、ある物にいつも同じだけの需要があるとは誰も言いきれない。昔ながらの農産物を扱う新しい方法を見つけ、新しい農産物についてもよく検証しなければならない。そうした努力を続ける一方で、植物の遺伝資源の保護や遺伝子操作はどうあるべきか、農業に携わる人々は植物の多様性の保護者として何をなすべきか、遺伝子の知的所有権をどう扱うべきか、などについても検討を続ける必要がある。

開花しつつある中央ヨーロッパ原産のヨーロッパシスル

第7章　政治・経済・社会との関わり

私を苦しめる者は必ずやその罰を受ける。
――スチュアート王家の紋章に記された言葉

16世紀以来スチュアート王家の紋章に記されたこの言葉は、イギリス国内で流通する多くのコインに2017年後半まできざまれていた。コインの裏側には王冠に囲まれたアザミが描かれている。アザミの図柄はスコットランドのコインや王家と軍隊の紋章に描かれているだけでなく、スコットランドに関係するものならほとんどどんな商品にも添えられている。スコットランドに自生するさまざまな種類のアザミのどれが紋章に描かれたものなのか、植物学者たちの論争が続いているが結論は出そうにない。[1]正体は謎のままだが、とにかくアザミはスコットランドの象徴である。

スコットランドとアザミの関係については、しっかりした根拠はないものの多くの説が荒れ地に咲きみだれるアザミのように生まれ、あるいは風に舞うアザミの冠毛のように飛びかってきた。アザミはスコットランドのどこにでもあるからだという説もあれば、いやいやアザミは多くの人がもつスコットランド人のイメージ、つまり、くじけない、怒りっぽい、攻撃的、背が高いというイメー

頭状花序の周囲を生殖力のない美しい小花が飾るヤグルマギク

ジに合うからだという説もある。いちばんロマンチックで人気がある説は、1263年にヴァイキングがスコットランドに夜襲をしかけたとき、上陸したヴァイキングのひとりがトゲトゲしたアザミを踏んで大声をあげ、海岸を守っていたスコットランド兵たちに気づかれて撃退されたという話だ。[2]

昔から政治、宗教、社会のリーダーたちはシンボルとしての花の力をたくみに利用してきた。ヤグルマギクの群青色の花は古代エジプトでは多産と生命の象徴とされ、キリスト教の図像学では群青色は聖母マリアの象徴とされている。[3] また、そうした歴史的ないわれがなくとも、花と人間との文化的な相互関係は常に変わり、何かの花が何かの象徴となることはいつでもあり得る。[4] 一例をあげれば、ポピーの花は毎年11月にイギリスで開かれる第一次世界大戦休戦記念式典でイギリス連合を讃える象徴とされている。その大戦で戦死した詩人ジョン・マクレーが1915年に戦場で書いた一編の詩にちなんでのことだ。一方フランスでは、第一次世界大戦で荒廃した戦場のあとに咲いていたヤグルマギクが休戦記念日の象徴になっている。

2014年7月、紛争の絶えないウクライナ東部を通過中のマレーシア航空機が墜落して298名の死者が出たときには、ウクライナの親ロシア派と反ロシア派は亡くなった乗客たちの持ち物が一面のヒマワリ畑に散らばるニュース映像が流れるたびに、互いに罪をなすりつけあった。亡くなったオーストラリア人の親族たちがそのヒマワリ畑からタネを集め、オーストラリアに持ちかえって育てた花は、悲しみと追悼を表すシンボルとなった。[5]

◉言葉と花

ガソリンスタンドに併設された売店で買ったセロハン包みのキクの花束、と言えば大急ぎで用意した贈り物、あるいは仲直りのしるしだろうと想像がつく。道路わきにそっと置かれたいくつかのキクの花束を見れば悲しい事故があった場所だとわかる。植物の立場にたてば、花は受粉が行われる生殖器官だ。広告業界も花と人間の関わりに男女関係をもちこもうとしている。[6] しかし、植物の花が生殖と関係があることが実験的に明らかにされたのは1694年のことにすぎない。昆虫の果たす役割が知られるのはもっとずっと後だ。[7] 当時、花を咲かせる植物のほとんどは受精するとは思われておらず、キリスト教哲学者のなかには花は堕落を知らない純潔な存在だと考える人々もいた。[8] そうして花は、純血と騎士道的恋愛のシンボルとされるようになったのだ。

19世紀初頭の欧米ではよく見かける花と何らかの言葉を結びつけ、いろいろなニュアンスをもたせるいわゆる「花言葉」についての手引書が誕生した。[9] そうした本の著者たちはトルコに伝わる「セラム」［花に託して気持ちを伝え、相手も花で答えるならわし］が花言葉のルーツのひとつだとして引用していたが、セラムは花に意味を結びつけるというよりは、むしろ語呂合わせに近いものだった。[10] 花言葉についてはほかにも、古代エジプトや中国の文明、あるいは古い詩などを引き合いにだした怪しげな説明も見られた。なかでもいちばんひどいこじつけは、花言葉はそれぞれの花が始めからもっている「性格」から導かれたものだという主張だ。その主張の突飛さは、特徴説――植物を治療に使う場合は患部の形状と似た色や形をした植物が効く――や植物天文学――治療に使う植物の種まきや収穫は天体の運行に合わせて行うべきだ――の提唱者たちの主張と同レベルだと言えよう。

花言葉の権威として名をあげようとする作者たちのあいだでは、ある種の階層の女性たちをターゲットとする市場に割りこむために「知恵というよりは発明の才」を競う争いが起こっていた。[11] 1849年、讃美歌作者にして印刷業者のサミュエル・パートリッジは花言葉に関する自分の著書と他の作者のものとの違いを際立たせるために、「魂に汚れのない乙女［植物のこと］」は、より道徳的でキリスト教的な言葉を発するはずだ」と、自作の神聖さを売り物にした。[12] ヨモギ（不在）やノコギリソウ（戦争）のように多くの著者が同じ意味を与えた場合もあったが、[13]

ほとんどの花には勝手気ままに意味を与えられていた。『不思議の国のアリス』のハンプティ・ダンプティの言葉と同じで、花言葉の意味はそれぞれの作者の空想のおもむくままに勝手に決められていたのである。ある花言葉作者がヒマワリは「高尚さと純粋な思考」を表すと言えば、別の作者は「不正な富」を表すと言う。ヒマワリの背が高いか低いかで意味が違ってくるという作者もいた。皮肉なことにパートリッジのキリスト教的な花言葉では、ヒマワリは「真実への愛」だった。[14] ゴボウ（「私にさわらないで」「しつこさ」「無礼」）やダリア（「永遠にあなたのもの」または「不安定」）といった例を見れば矛盾は明らかだ。

マナーの手引書があるように、失礼になることを避けたければしっかりとした法典のようなものが必要だった。さらに、花言葉をやり取りする人には一応の分類学的知識も必要だった。とはいえ、アフリカンマリーゴールドは「卑しい考え」、フレンチマリーゴールドは「嫉妬」、ガーデンマリーゴールドは「不安」というのだから間違えないようにするのは大変だったことだろう。[15]

「元気はつらつ」の意味で使う「デイジーみたいにフレッシュ fresh as a daisy」という英語の表現があるが、このままではどんなデイジーのことなのかわからない。花言葉を話すらしいデイジーには、コモンデイジー（「無垢」）、ガーデンデイジー（「あなたの気もちはわかる」）、野生のデイジー（「あなたのことを考えるだろう」）、ミカエルマス・デイジー（「陽気さ」）など、いろいろある[16]――ところがアザミという漠然としたカテゴリーに属する植物はどれも「邪悪」という花言葉を与えられていた。日本の花言葉となるとまた欧米のそれとは違って、デイジーは「信頼」、ダリアは「良い好み」となる。

コモンデイジー。イギリスの芝庭や広場のいたるところに見られる。

19世紀には花言葉に関する本が数多く出版され、ずいぶん人気もあったのだが、その複雑な決まり事が通用していたのは芸術と文学の領域だけだったかもしれない。[17]もったいぶった細かさと怪しげな由来のせいで花言葉は揶揄されてもいたが、花のもつ象徴的な意味が私たちの生活に結びついていることは否定できない。人は誰でも、生まれてから死ぬまでに一度も花の贈り物に関わらずに過ごすことはまずあり得ない。

花と言葉と文化の関わりということなら、キク科植物に与えられた名前（各国語による一般名と学名）についても――その意味というよりむしろ名前そのものに――ふれておこう。私たちがつける一般名には、植物そのものよりむしろ私たちの関心事が反映されていることが多い。多くの場合、一般名は私たちが考えていること（思考体系）と自分たちが暮らす環境に深く関わっている、生存のために不可欠の情報――たとえばある植物に毒があるかどうか、食べ物や薬として使えるかどうかという情報――を伝える道具なのだ。[18]

イギリスでもっともよく見られる植物のひとつ、ノボロギク。

一般名は、特に園芸用の栽培種の名前として次々と生みだされている。定着する名前もあればいつの間にか消えていくものもある。特定の文化圏あるいは生活圏に定着した一般名のなかにはその地域の古い言語の名残もあり、それが時がたってもそのまま残ることもある。たとえば英語名の groundsel（和名はノボロギク）は7世紀のアングロサクソンの言葉 gundesuilge（膿《うみ》を食べるもの）に由来し、この植物の薬としての用法を伝える名前だった。[19]

地域ごとに異なる多くの名前をもつ植物もある。たとえば普通のサワギクは、「キャンカーウィード」［害虫であるガの幼虫の名前がついている］、「フェアリーズホース」［妖精の馬］、「フライフラワー」［フライはハエのこと］、「メアファート」［メスロバのおなら］、「ごろつき草」、「ふらつき草」など60以上の名前で呼ばれている。[20] 人々が外国に移住するときにはふるさとの植物やその名前を移住先の国へ持ちこみ、聞きなれない名前の植物には自分たちに親しみのある名前を勝手につけることもあっただろう。

イギリス国内での人々の移動が活発になるにつれて、排泄物に関係のある名前はもう少し無難なものに変えたほうがいいと考える人が増えてきた。そこで、利尿作用があるせいで「寝小便草 piss-a-bed または shit a-bed」などと呼ばれていたものは「タンポポ dandelion」に統一された。ただしフランス語には昔をしのばせる「尿 pisse」という語を含む「寝小便草 pissenlit」がタンポポの一般名のひとつとして残っている。[21] しかし一般名を追放したり規格化したりすることには、文化的情報の伝承を途絶えさせ、そうした知識を図書館や古文書館に通うようなエリートだけのものにしたり、不都合な歴史にふたをすることになったりする危険もともなう。

学名の由来にも、一般名と同じように面白いものがいろいろある。学名が一般名より複雑で難しいというわけではない。ただ、学名はもはや死語であるラテン語で書かれているので、発音上の問題は出てくる。「ダリア（Dahlia）はスウェーデンの植物学者アンドレアス・ダール（Andreas Dahl）の名前から名づけられ、『ダーレア』のように発音する。マメ科植物のひとつである Dalea も同じ発音だが、これは薬剤師サミュエル・デイル（Samuel Dale）に由来する。このふたつの植物はまったく別のものだ[22]」。

ダリアと同じようにキク科植物の学名には有名な植物採集家やキク科にくわしい植物学者の名前が多く採用されているが、なかには植物学者の後援者の名前にちなんだものもある。デイジーの一種の学名 Barrosoa はキク科の研究者でブラジル植物学界の大御所グラツィエラ・バローゾの名前から、Cassinia はアンリ・ド・カッシーニから、Eastwoodia はカナダ系アメリカ人の植物学者で厖大な標本のコレクションを残したアリス・イーストウッドから、Lessingia はシベリアへの採集旅行中に没したドイツの植物学者クリスティアン・レッシングから名づけられている。

植物の形態や生態、生育地の特徴などから名づけられた学名もある。たとえば Osteospermum は「骨っぽいタネ」を意味し、タネが硬い外殻をもつもの、abyssicolus は谷間や峡谷に生えているもの、aegyptius はエジプト由来の物であることが学名からわかる。Anthemis、Arctium、Carduus のようにギリシア語の単語からとったものが多いのは驚くにはあたらない。

むしろ驚くべきは分類学者が言葉遊びをしていることだ。キク科の詳細な分類に大いに貢献したカッシーニはリンネが発見した *Filago* 属に似たいくつかの属に、*Filago* のアナグラムを使って *Gifola*、*Logfia*、*Oglifa* と名づけている。リンネ自身は植物の特徴と植物学者の誰かの特徴とを関連づけた学名で知られている。[23]

また、1730年代にドイツの植物学者ヨハン・ゲオルグ・ジーゲスベックが、植物の生殖器である雄しべの数を基準に植物を分類するリンネの方法を「ふしだら」だと批判したが、[24] いやな臭いのするキク科メナモミ属の雑草セントポールズワートに、リンネがジーゲスベックの名にちなんだ学名 *Sigesbeckia orientalis* をつけたのはライバルに対するひそかな仕返しだと見る人もある。

20世紀を通して企業や広告代理店には、人々が花に対してもつイメージを自分たちの会社やその製品の活力や健全さ、環境を保護しようとする姿勢と結びつけて宣伝しようという姿勢が見られた。花のイメージを使う宣伝は次から次へと現れた。なかにはこの先も残るものもあるだろうが、多くはいずれ消えていくだろう。そのようななかで、時がたっても変わらないイメージを保ちつづけて

キク科の栽培種のひとつ、オステオスペルムム。

過去200年にわたりヨーロッパの山岳地帯の象徴とされているエーデルワイス

いるのがエーデルワイスだ。

◉エーデルワイス
――山々と旅行者

エーデルワイスとアルプスには、アザミとスコットランドのように強い結びつきがある。ナチスドイツによる併合が迫る1938年のオーストリア情勢を背景に記されたマリア・フォン・トラップの自叙伝を脚色して作られ、アカデミー賞を受賞した映画「サウンド・オブ・ミュージック」（1969年）では、エーデルワイスのイメージが非常に効果的に使われていた。英語圏のクリスマスでは、この映画は家族で見る定番番組のひとつとなっている。そのなかで歌われて有名になった多くの曲のなかに、しっとりと歌われるエーデルワイスがあった。この歌はあまりにも有名になったので、昔からのオーストリア民謡だと信じて疑わない人や、オーストリア国歌だと勘違いしている人もいるほどだ。もちろんそうではなく、1950年代にアメリカ人のリチャード・ロジャースが曲を、オスカー・ハマースタインが歌詞を書いたものなのだが。[25]

たしかに、エーデルワイスはヨーロッパアルプスに暮らす人々にとっては文化的遺産の一部だ。[26] エーデルワイスが属するキク科ウスユキソウ属の植物は30〜40種ほどあるが、そのほとんどはアルプスではなく中央アジアおよび東アジアで生育し、ヨーロッパに自生しているのはわずか2種にすぎない。[27] ヨーロッパでよく見られる種はピレネー山脈、アルプス山脈、ヨーロッパ中東部にまたがるカルパチア山脈、バルカン半島の亜高山帯から高山帯（標高2000〜3000メートル）に分布している。エーデルワイスは短命な花で、背の低い草だけが生えるやせた草地の、近づきにくい急峻な場所にあるむき出しの石灰質の岩にしがみつくように生えていることが多い。[28] こうしたエーデルワイスの生態がアルプス登山という体験の、健康、純粋、偉業といったイメージと強く——多くの場合ある種のロマンをともなって——結びついてきたのだ。

その雪のように清らかな白さはたしかに一見の価値があり、簡単には見られないことがその価値をいっそう高めている……［エーデルワイスは］非常な危険を冒さなければたどり着けない場所にある……その困難さこそがこの花に特別な価値をもたせ、多くの若者に危険をかえりみることなく摘みに行かせるのだ。自分の帽子に、あるいは愛する乙女の胸に飾るための花を。そのような若者のなかには、やっと手が届いたと思った瞬間に岩に落ちて命を失う者もあった。手には彼の命を奪った花をしっかりと握ったまま。[29]

ドイツの作家ベルトルト・アウアーバッハは感傷的な作品『エーデルワイス』（1861年）に、エーデルワイスとロマンにあふれたアルプスの生活との関係を記している。「岩にしがみついているその小さな植物をそれが生まれた場所からあえて摘みとろうとするのは、アルプスに暮らす命知らずのヤギ飼いと猟師だけだ。それを手にすることは並外れた豪胆さのあかしになるのだ」[30]。こう書いたアウアーバッハはさらに続けて記念品としてのエーデルワイスについて、その外見と名前についても記している。「繊細な構造をもつめずらしい植物だ。ほとんど水分を含んでいないので、摘んだあとも長くそのままの姿を保っている……花は白いビロードのような葉に包まれている。茎でさえ綿毛をまとっている……学名の *Leontopodium alpinum* は『アルプスのライオンの足』という意味だ」。

18世紀後半、地質学をはじめ自然科学全般を幅広く研究したスイス人、オラス＝ベネディクト・ド・ソシュールがアルプスの科学的踏査を率先して行い、その美しさとロマンを多くの人に伝えたことでアルプスを訪れる人が増えてきた。だがアルプス観光が一気にさかんになったきっかけは、ドイツの出版社、カール・ベデカーが1844年に旅行案内書『スイス *Die Schweiz*』を刊行し、1863年にその英語版が出たことだ。登山鉄道が旅行者をアルプスの豪華なリゾートホテルに運

オーストリアの１シリングコインの表面に描かれたエーデルワイス。1959年から発行されていたこのコインは2001年まで法定通貨として流通していた。

んでくれるようになり、もはや何週間もかけて登山の準備を整える必要はなくなった。エーデルワイスは清らかな山の空気と手つかずの自然の象徴となり、観光業者たちはエーデルワイスが客の心をつかむよう、あらゆる手段を使って宣伝に努めはじめた[31]。

エーデルワイスの姿はさまざまな媒体を使って広められた。特に１８７０年代の新商品である絵葉書が大きな役割を果たした。わずかばかりのエーデルワイスを手に入れるのにどれほどの苦労をしたことか——アルプスから帰る旅行客は誰もが、その花といっしょに（やや誇張気味の）苦労話を持ちかえったのだった。しかしイギリス人登山家ジョージ・フレムウェルのような経験豊かなアルピニストに言わせれば、そんな苦労話はお笑い種にすぎなかった。「この植物にまつわる世間の噂にはかなりの誇張がある。初めてスイスを訪れる人の多くは、エーデルワイスについての神話めいた奇妙な思い入れで頭がいっぱいになっているようだ[32]」。20世紀初頭になると、スイス人のなかにも「世界中から大勢の観光客がわが国の山に押しよせる事態に対する若干の懸念」を表明する人が出てきた。[33]

なかなか実物を目にできないらしい、ということ以外にも、エーデルワイスにはアルプスの観光業者にとって理想的な一面があった。押し花にしても色があせないのだ。エーデルワイスの押し花はアルプス観光の土産品に最適だった。絵葉書や本のしおりに一本のエーデルワイスを貼りつける、あるいはエーデルワイスをかたどったアクセサリーや、エーデルワイスの絵を土産物として売りだすビジネスが本格的に始まった。その結果、エーデルワイスは観光客が集まる場所から次第に姿を消していった。

大量のエーデルワイスが売られた……ガイドやポーターや少年たちは特別な価値をもつその花を採るために山を歩きまわった。イギリスで植物を採りいれたファッションが流行したときには、流行の先端をいく若い女性がエーデルワイスの柔らかい花びらで作った花冠をつけたり、上品な舞踏会にアルプスをイメージしてエーデルワイスにおおわれた衣装で現れたりもした。そしてついに、スイス政府は法令によりこの花を保護し、見境のない採取を禁じる方針を打ちだした。[34]

めずらしがられていた物が身近になってくると、その欠点を見つけて悪口を言いたくなる人が出てくるものだ。アメリカの作家マーク・トゥエインはスイスのベルナー・オーバーラント地域を旅行したさいにもエーデルワイスの神話に魅了されることはなかったようで、旅行記にこう書いている。

私たちは、スイス人が愛してやまないエーデルワイスと呼ばれるあの醜い花が咲いているのを見かけなかった。ドイツ語の名前からすれば高貴で（edel）白い（weiss）花なのだろう。しかし実際に見てみれば、高貴かもしれないが魅力的でも白くもない。綿毛におおわれた花は安物の葉巻の灰のような色で、質の悪いフラシ天［椅子や帽子に使うような安いビロードの一種］でできているように見える。標高の高いところにひっそりと身を隠している高貴な存在ということだが、隠れているのは外見に自信がないからではないか……アルプスでは誰もが帽子にエーデルワイスをつけている。地元の人間も観光客も、この花が大好きらしい。[35]

ベテラン登山家のフレムウェルはエーデルワイス人気に対する軽蔑を（特に高山に咲くリンドウと比較して）抑えることができなかった。「もしエーデルワイスが絶滅して伝説のなかにしか存在しなくなったとしても、今と同じくらいしっかりと人々の心のなかにあり続けるだろう。なぜならエーデルワイスの名声はほとんど物語のなかだけのものだからだ」[36]。もっとも、このような辛口のコメントがあっても、エーデルワイスのイメージに傷がつくことはなかった。スコットランドのアザミと同じで、エーデルワイスは今もアルプスと切り離すことはできない。

キク科植物をデザインした世界各国の郵便切手

◉政治と保存とビジネス

エーデルワイスはスイスのみならず、オーストリア、ルーマニア、カザフスタンなどの貨幣や切手のデザインに使われてきた。ヨーロッパ高山域にある町や地方の楯や旗に描かれた紋章にも、多くの登山クラブや山岳警備隊のマークにも採用されている。オーストリアとスイスの国花でもある。映画「サウンド・オブ・ミュージック」ではエーデルワイスの歌はオーストリア人の愛国心を呼びおこしていた。その25年以上前に生まれたヘルムス・ニールの作詞作曲によるナチスドイツ国防軍山岳

キクを描いた日本の水彩画。1700年頃のもの。

猟兵隊の軍歌「それはエーデルワイスの花だった Es war ein Edelweiss」（1941年）は、エーデルワイスの押し花を見て恋人を思い出し戦争が終わった未来を思い描く、という内容だった。歌詞には「このかよわい花が、私たちふたりの心を結んでいてくれると思うと私はうれしい」というくだりもある。

　紀元前1世紀の古代ローマの侵略を受けつつあるガリア［現在のフランス］を舞台にしたルネ・ゴシニとアルベール・ユデルゾ作のフランスのコミック「アステリックス」シリーズに、現在のスイスを舞台にした『ヘルウェティアのアステリックス』(1970年)がある。このシリーズはいろいろな民族をステレオタイプ化して描いているのだが、スイス編では魔法の薬の材料のひとつとして、もちろんエーデルワイスが登場している。

国花というのは誤解を招きやすいものだ。スコットランドならアザミを、日本ならキクを、ずっと昔に君主や天皇が国花として採用したように思われているが、じつはどちらも人々が思うほど長い歴史はない。キクは8世紀に中国から日本に入ってきたが、後鳥羽天皇は1180年代に個人的な紋章にキクを用いはしたが、天皇家が16枚の舌状花をデザインしたものを公式の紋章に定めたのは1880年代だ[37]。

ダリアが大統領令によってメキシコの国花に定められたのは1963年5月13日だ。採用の公式的な理由は、ダリアのほとんどの種《しゅ》はメキシコ原産であること、19世紀に初めて先住民族から選出され、長く尊敬されている元大統領ベニート・ファレスの名前が学名になった種があること、キク科ダリア属はスペインによる征服以前からメキシコで栽培されていたことだった[38]。ダリアが国花に採用されたのと同じ日にメキシコ園芸博覧会が開幕したのは、おそらく偶然の一致なのだろう。

キク科植物で国花になっているものには、そのほかにもロシアのカモミール、ラトビアのフランスギクなどがある。原産地ではないウクライナがヒマワリを国花に定めているのは、明らかに経済的な理由からだ。デンマークの国花のマーガレットはカナリア諸島原産のキクの近縁種だが、古くからヨーロッパで観賞用に広く栽培されている。当然のことだが、国花に定められた花は軍隊の記章のデザインに組みこまれることになる。中央ヨーロッパの国々の山岳部隊はエーデルワイスの記章をつけている。

ヴィクトリア時代中期にイギリスの庭園で栽培されていた一年草ヤグルマギクのいろいろ

あざやかな青色が印象的なヤグルマギクは、19世紀以来、ベラルーシ、エストニア、ドイツの国花とされているが、最近ではベラルーシとスカンディナビアの政党のシンボルにもなっている。2016年のオーストリア大統領選のときは、極右のオーストリア自由党がこの花を盛大に利用した。[39] 1918年の短命に終わったハンガリー革命ではアスターがシンボルだった。エーデルワイスはヒトラーの好きな花だったらしいが、ドイツの青年たちがナチスの青年組織ヒトラーユーゲントの統制に反抗して作った反体制組織、エーデルワイス海賊団のシンボルにもなっていた。[40]

1734年にイギリスで描かれた政治漫画は、当時の首相であるロバート・ウォルポールをヒマワリになぞらえている。[41] 19世紀初頭には、ヒマワリはロンドン市長サー・チャールズ・フラワーと腐敗した行政の戯画化に用いられた。

ロンドンの花（フラワー）はとても立派で華やかだ
いちばん高慢で、かつては輝きを放っていた
派手に葉を広げ、豪華な衣装を見せびらかしていた
そして（下々《しもじも》の）人間なら誰が相手でも、ツンと鼻をそらして見下した！
だがとうとう民主主義の風が激しく吹きつけると
前に後ろに揺すられたその花はすっかりしおれてしまった
激しい風にあおられて傲慢さは消え去った
ロンドンの花（フラワー）は頭をたれた[42]

「ヒマワリのタネ」艾未未（アイ・ウェイウェイ）によるインスタレーション。2010年10月。ロンドン、テートモダン美術館、タービンホール。

その数年後にはナポレオン・ボナパルトをヒマワリに見立てて嘲笑する詩も書かれている。「コルシカ島の掃きだめに生えた執政という毒キノコが、皇帝というヒマワリになり、エルバ島のキノコになったかと思えば次には一束のスミレになった[43]」。中国の文化大革命（1966〜76）のスローガンを訴えるポスターでは、太陽のように周囲に光を発している毛沢東と彼をかこむ人民を、ヒマワリの花のように描いている。中国現代美術にはアイ・ウェイウェイのインスタレーション「ヒマワリのタネ」（2010年）やシュウ・チアンの水分を失って干からびていくヒマワリを描いた作品がある。

　過去40年間で、人間の活動が地球に悪影響を与えているとの認識が文化や政治の世界にひろまってきた。そのルーツは、19世紀末に一部の人たちが自然の脆弱さを訴え始めたことだ。たとえば植物そのものを守るためというよりは観光業を守るためだったかもしれないとしても、エーデルワイスを保護する政策がとられたのはその一例だ[44]。現在ではヨーロッパの山岳地帯のほとんどでエーデルワイスは保護の対象となっていて、山の環境保護を訴える象徴的存在になっている。同じような役割を果たしているキク科植物として、東アフリカのジャイアントグラウンドセル、アンデスのフライレホン、ハワイのギンケンソウがある。

ところでまったくスケールの違う話になるが、世界中に昔からある草原や草地は、ヨーロッパの低地ならフランスギクやヤナギタンポポ、アメリカの草原ならハルシャギクやリアトリス、中国の高地の草原ならリグラリアやセネシオというようにキク科植物のさまざまな色彩に染まって輝くように見える。こうしたキク科植物の植生は、地球上のほかの場所では決して見られないものだ。ひとつひとつは何でもない草かもしれないが、その全体を見れば、人はふと立ち止まり、これらの植生が失われ、私たちの食べ物が実るために花粉を運ぶ仕事をしてくれている昆虫たちがいなくなったらどうなるのだろう、と深く考えずにはいられない。

自分たちが暮らす環境について消費者が考えるようになるにつれて、企業は自分たちのイメージや製品を消費者の変化に合わせようとし始めた。キク科植物が咲き乱れる草原のなかで女性たちがたわむれている姿をソフトフォーカスで撮影している、というような映像が、チョコレートバーからシャンプー、生理用品にいたるまで、あらゆる商品のコマーシャルに使われるようになった。ある航空会社はタンポポの綿毛が風に舞うようすで自由さを表現し、広告会社のキャッチコピーではデイジーが無邪気さ、純真さと結びつけられたりした。

現実の、あるいはイメージとしての子供時代をデイジーに重ねて、ジョイス・グレアムの讃美歌

コモンデイジーの花をプラスチック樹脂で加工したイアリング

「デイジーは私たちの銀」（1931年）が作られた。チャールズ・ディケンズの『デイヴィッド・コパーフィールド』〔中野好夫訳／新潮文庫／1967年〕では、主人公と違って世慣れたタイプの友人であるジェイムズ・ステアフォースが無邪気なデイヴィッドに「デイジー」というあだ名をつけた。

リンドン・B・ジョンソンが1964年に行われたアメリカ大統領選のキャンペーンで流したテレビコマーシャルでは、デイジーの花びらをちぎりながら数えて遊ぶ少女の無邪気な姿に続いて、カウントダウンから原子爆弾が爆発する衝撃的な映像を使い、対立候補に対するネガティブキャンペーンを行っている。[45]

第8章　文化・芸術・自然科学との関わり

汝が腰をかがめれば
その手は必ずいくつかの芽にふれる
汝が足を踏みだせば
その足元には必ずデイジーがある
――トマス・フッド（1799～1845年）『ソング』[1]

同じ植物でも、ヒマワリの仲間は牧草や野菜やイモ類ほどのカロリーもなければ、医薬品に使われることもあまりない。その代わりに、美術、音楽、文学、自然科学などの文化的な面で人間社会に貢献してきた。フランドル生まれのイギリス宮廷画家アンソニー・ヴァン・ダイクの「向日葵のある自画像」（1632～23年）で画家が身につけている衣装は、手にしたヒマワリの美しさと見事に調和している。フィンセント・ファン・ゴッホの「ひまわり」シリーズ（1888～89）は美術ファンならずともお馴染みの絵画で、中国の現代美術家アイ・ウェイウェイのインスタレーション「ヒマワリのタネ」（2010年）に使われた1億個もの手作りの陶製のタネは、芸術家の構想

「向日葵のある自画像」　ファン・ダイクの作品をウェンセスラウス・ホラーがエッチングにしたもの。1644年。

と職人たちの技術とがひとつになったすばらしい作品だ。

17世紀を中心とするいわゆるオランダ黄金時代に描かれた静物画は、その購買層の富と権力をほのめかす手段として、ヒマワリをはじめ当時としてはめずらしい植物が描かれていることが多いが、それと対照的なのが神聖ローマ皇帝マクシミリアン1世の狩猟をテーマにして16世紀初めに作られた12枚続きのタペストリー――「マクシミリアンの狩猟」と呼ばれている――で、背景にはヨーロッパのどこにでもあるようなキク科植物の美しさが見事に描かれている。個々の頭状花序を見ても、時計まわりあるいは反時計まわりのらせん状に描かれている小花からは、計算されつくした美しさと人智を超えたものに対する興味を見てとることができる。

私たちは誰でも生まれ、結ばれ、やがて死んでいく運命にあるわけだが、そうした時々に必ずキク科植物――たとえば子供部屋の壁紙に描かれたデイジー、花嫁のブーケに入っているヤグルマギク、葬儀に供えられるキクの花などなど――のお世話になっている。その特徴的な頭状花序ですぐにそれとわかるキク科植物は、当然のことながら多くの芸術家の心を引きつけ、また神話や伝説に組みこまれて共同体の絆を深める役割を果たしてきた。中国広東省のシャオラン（小欖）という町ではシャオラン菊花展示会が800年以上の昔から、王朝の興亡や社会主義革命の混乱にもめげず毎年開かれている。東シナ海をへだてた日本でも重陽の節句という菊の祭が何世紀も続いている。[2]

東アジア以外でも、世界各地で開かれる秋のフラワーショー――花卉《かき》栽培業者や庭師にとっては自分たちの技術やそれまでの成果を見せる絶好のビジネスチャンス――には必ずキクが展示されている。スコットランドのエディンバラの西にあたるサウスクイーンズフェリーエリアで毎年8月の

19世紀後半に日本で育てられたキクの栽培種。小川和正撮影。

第2金曜日に行われる行事、バリーマンパレードの主役であるバリーマンは、キク科植物であるゴボウのタネ（トゲにおおわれている）を頭から足まで全身にびっしりつけている。[3]

この行事の起源や意味についてはは諸説あるが、どれも推測の域を出ない。17世紀後半にスコットランドで行われていた記録が残っているが、もっと古い伝統だという説もある。はるか昔のケルト時代のアニミズムの名残とも言われ、ヨーロッパ中世に木の葉におおわれた顔の石像などにもなっている「グリーンマン」が起源とも、生贄《いけにえ》だったとも、幸運をもたらす何かだとも言われている。

世界のほとんどの神話には、神々が——怒りにかられてのことだったり哀れみからだったり理由はいろいろだが——人間や半神半人をキク科植物に変えてしまう物語がある。ルーマニアの神話には太陽の神の求愛をはねつけて怒りをかった花の乙女を守るために別の神がチコリに変身させた物語がある。[4]アザミはノルウェーの雷神トールと関連があるともされ、チコリは魔女をウサギに変える力があると言われている。神話ほどの歴史はないが、キリスト教の救世主イエスに関する教えでは、マリーゴールドとデイジーが聖母マリアと結びつけられている。

スコットランドをヴァイキングの夜襲から救ったアザミの伝説を思い出させるのが、8世紀にフランク王国出身のカール大帝が西ヨーロッパ世界の統一とキリスト教化をめざす戦いのさなかに、疫病の薬としてチャボアザミを教えられたという伝説だ。この伝説から、チャボアザミの学名にはカール大帝の名前からとった「カルニナ *Carnina*」が使われている。[5]こうした伝説が人々の想像力をかきたて、伝説に登場する植物がさまざまなシンボルとなってきたのは当然と言えば当然のことだろう。

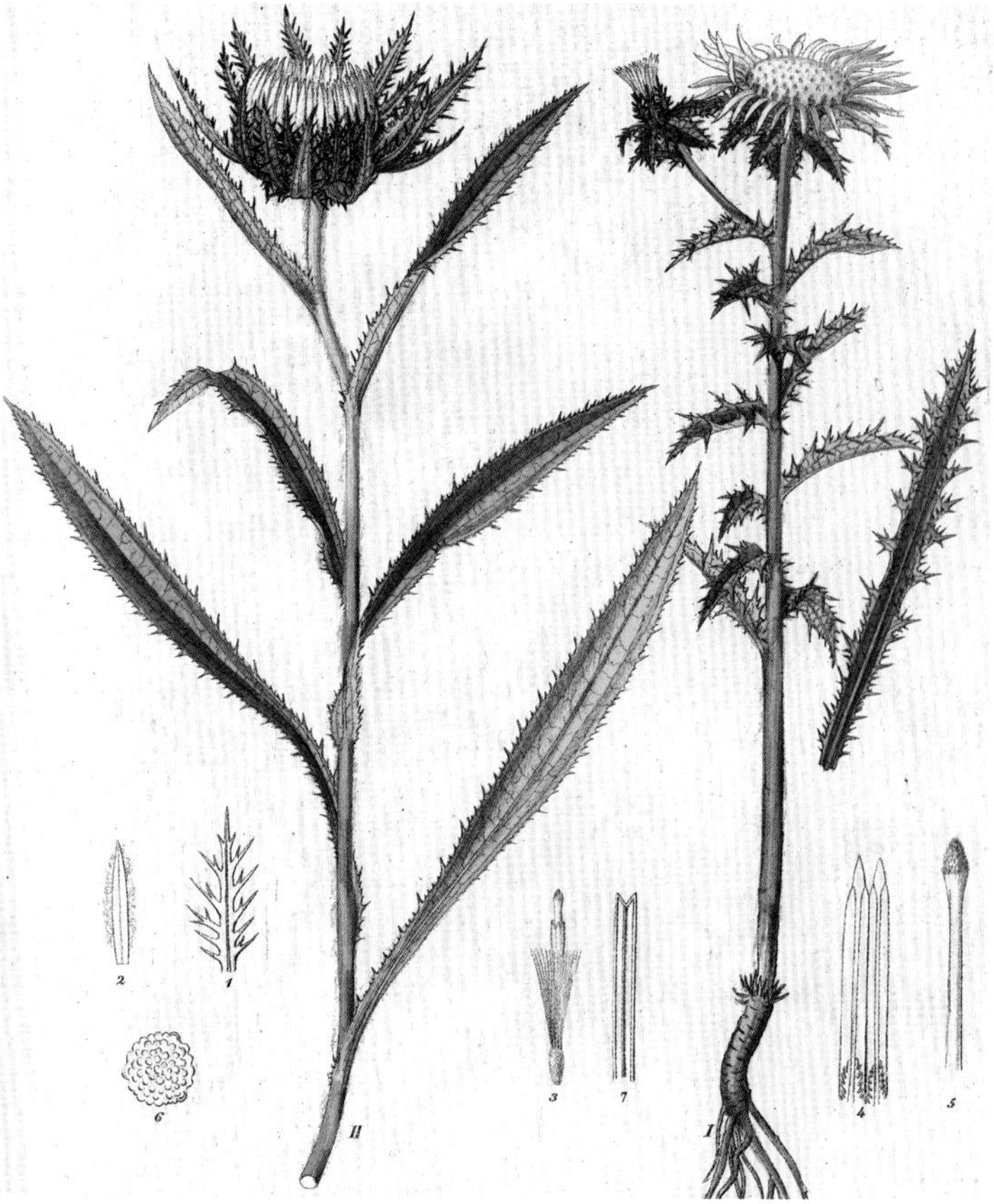

チャボアザミ。学名の *carlina* はカール大帝（シャルルマーニュ）との神話的な関係を物語る。

今やヒマワリの仲間はふるさとの北米大陸を遠く離れ、世界中の文化に組みこまれている。絵画や文学作品ばかりでなく、歌の歌詞にも使われている。政治の世界でも痛烈な批判や宣伝活動の手段になっている。1950年代にイギリスBBC放送が制作していた子供向けのテレビ人形劇番組「フラワーポットメン、ビルとベン」シリーズで、植木鉢のビルとベンといっしょに出てくる「リトルウィード」というキャラクターはヒマワリの姿をしていた。1960年代から70年代にかけて「ラブ&ピース」を合い言葉にした反体制的ヒッピー、いわゆるフラワーチルドレンのシンボルにもヒマワリなどのキク科植物が使われていた。新大陸から旧大陸に持ちこまれて400年もしないうちに、ヒマワリとその仲間は世界的な潮流に関わるほどの存在になったのである。

◉前景と背景

画家は自分の作品に人の目を引きつけるために、作品のもつ雰囲気を高めるために、何らかの意味を伝えるために、あるいは単に地味な背景をにぎやかにするために植物を描きこむ（ただしそのような場合、特に鮮明に細かく描くことはしない）。ヴィクトリア時代のデザイナー、ウィリアム・モリスと彼のアーツ・アンド・クラフツ運動の賛同者たちは、壁紙や布地に自然界の植物をもとにしたデザインを採りいれた。[6] 1860年代から70年代にモリスがデザインした壁紙にはデイジーやヒマワリの柄が描かれている。中国では、キクの花は10世紀頃から4種の高貴な植物「四君子」のひとつとされ、秋を表すものとして絵画によく描かれてきた。現代の日本ではキクが天皇、皇室、そして日本国の象徴とされている。

ときには、美術作品の背景に描かれた植物がその作品の主役と同等に扱われていることもある。1495年から1505年にかけて制作された「ユニコーン（一角獣）狩り」と題する7枚組のタペストリーはその一例で、キリスト教以前と以後の両時代の象徴的な事物が織りこまれている。[7] これはフランドル地方の職人たちが高価な金属や植物から抽出した染料で色をつけた毛織物や絹の糸を使って織ったものだ。職人たちはよく見知った自然界の動植物でタペストリーの背景を埋めつくした。実際の生態を無視し、春と夏の森林、草地、山の植物を全部取り入れた千花模様《せんかもよう》としたのだ。タペストリーに見られるキク科植物には、聖母マリアを連想させるので中世の人々に好まれていたフランスギク、ナツシロギクやさまざまなアザミ類が含まれている。「毒を消すために角《つの》を流れに浸すユニコーン」と題された一枚にはオレンジ色の花をつけたマリーゴールドが描かれている。それが万病に効く薬とされていて、当時の庭に必ず植えられていたことを職人が知っていたことは明らかだろう。

同じように力のこもった繊細な描写はイスラム世界の美術作品の背景、たとえば16世紀に織られたペルシャ絨毯「ギャースッディーン・ジャミの狩り」（1542～43年）の、花が咲きみだれる背景にも見られる。ドイツのルネサンス期の画家アルブレヒト・デューラーが描いた「芝草」（1503年）でも、芝草にまじった西洋ノコギリソウの葉やタンポポのつぼみが美しく描かれている。デューラーの作品は植物の姿を忠実に映しており、花そのものより全体の印象を描いているクロード・モネの「アルジャントゥイユの庭」（1873年）のダリアやルノワールの「菊」（1881～82年）との違いは明らかだ。

キク科植物のデザインを木版印刷した壁紙。ウィリアム・モリス& Co. の製品。1875年頃。

「捕らわれのユニコーン」。「ユニコーン狩り」をテーマにした一連のタペストリーのうちの一点。多くのキク科植物が咲き乱れる草原が背景になっている。1495～1505年。

植物画の全盛期がおとずれたのは18世紀から19世紀だが、美術品や宗教画としてでなく植物の姿をそのまま残すために描いた植物画のもっとも早い例のひとつは、1世紀のローマの著述家で博物学者だった大プリニウスによるものだった。彼は植物画は植物の種類を特定する手段になるとしながらも、描くことの難しさについて次のように述べている。

特に自然の姿を忠実に描こうとするとき、色数が多すぎればわかりにくくなるし、描き手によってさまざまな違いが生じることにもなる。そのうえ、ひとつの植物のある日あるときの姿を描くだけでは不十分だ。植物は季節が変わるごとに違う姿を見せるのだから。[8]

植物画を描く場合は描き手がどんな手法を使おうと、その性質上、植物自体を前面に出すことになる。それはある植物と別の植物との違いがはっきりわかるような、詳細で、科学的に見ても正確な描写だ。科学的な植物画は、徹底的に観察することで細部まで正確に、ありのままに描くものなのである。ゴッホの「ひまわり」は芸術としてはすばらしいが、科学的な植物画としての価値はない。

植物画のほかに、植物の科学的な情報を保存する手段としては押し花の標本がある。しかし「押し花標本となった植物は、その植物の本質的な要素の多くが失われている……したがって植物学上の情報としては二次的な価値しかない」[9]という見方もある。この見解を信じるなら、4世紀以上にわたって植物標本をつくり保存することに費やされてきた人的、金銭的、時間的資源は無駄だったことになる。その保存に努めてきた人々は「学識がありながら、自然が残した廃物を集めるためにやとわれてきた人間」ということになる。[10] しかし実際には、植物標本は植物に関する判定をくだすときの基準となる絶対的な指標である。植物画は描き手の能力と観察者の言葉による描写力によって正確さに差がでる可能性もあるが、標本はあくまでも現物による客観的な確認が可能だ。結局、植物画、言語による説明、標本の3つが互いに足りないところを補い合うと考えるのが現実的なところだろう。

18世紀イギリスの教養人で、ポートランド公爵未亡人マーガレット・ベンティンクの親しい友人だったメアリー・ディレーニーは、彼女の人生の最後の十数年間、一風変わった、でもとても美しい、まるで植物標本のようなペーパークラフトを作った。ディレーニー夫人はキク科植物も含む1000点以上の植物の「モザイク」――彼女の言葉にしたがえば――を作ったのだ。[11] 彼女と公爵未亡人はともに植物に深い関心があり、公爵未亡人にはその趣味に心ゆくまでふけり、結果的に18世紀イギリスで最大の自然誌コレクションを作るだけの財産があった。[12]「モザイクペーパーアートを始めたのは私〔ディレーニー〕が74歳のときでした……ポートランド公爵未亡人が私の作品に好意的でいてくださらなければ、とても続けることはできなかったでしょう[13]」。作品の制作方法について、彼女の伝記には次のように書いてある。

ディレーニー夫人は生きている植物を自分の前に置く。植物の後ろには黒い紙がある……下絵は描かない。彼女はその目だけをたよりにして紙から切りだしていく。ひとつひとつの花を、というより花びらの一枚一枚を見えるままに切りだしていく。それから光と陰の部分も切っていく。そして紙から切りだした部分をひとつひとつ黒い紙に貼っていく。さまざまな色の紙を使って、雄しべも葉も同じように切っては貼りつけていく……どうしてそんなことができるのかは永遠の謎だが、彼女は下書きもなしにハサミだけを使って、植物の輪郭も陰の部分も紙から直接切りだしていく……まるで魔法の杖を一振りするかのように。[14]

ディレーニーのコラージュ（貼り絵）作品は黒い台紙の上に押し花の植物標本と同じように貼られていたが、押し花標本とは違い色は生きていたときのままだった。彼女の作品は肖像画家ジョシュア・レイノルズや作家で政治家のホレス・ウォルポールをはじめ、当時の人々の多くに賞賛をもって迎えられ、チャールズ・ダーウィンの祖父にあたるエラスムス・ダーウィンもほめている（彼の口調から見ると現物を見ていなかったことは明らかだが）。[15] 18世紀後半のイギリスでもっとも著名な植物学者だったジョゼフ・バンクスもディレーニーの作品を称賛し、「花を紙で再現した彼女の作品は、これまで私が見た植物の描写のなかで唯一の、間違いを犯す心配なしに植物学的な注釈を加えられる出来栄えのものだ」と評している。[16]

植物画が大きな科学的価値をもつには、それが1万語を費やした説明にも劣らず植物の真の姿を示す必要がある。どんなに美しく描かれたものでも、植物の特徴を確実に見てとれなければ価値はない。19世紀イギリスの美術評論家ジョン・ラスキンは植物画の重要性を認め、「植物画がなければ、その植物の美しさを見極めるのに必要な細かい情報を得るのは難しい」と主張している。[17]

チャイナアスター。植物学者ヨハン・ディレニウスがめずらしい植物を集めた著書『エルタムの庭園』のために描いたもの。手で彩色した銅版画。1732年。

現代の植物図鑑にあたる「草本誌」は植物名とその説明、薬草の場合はその効能などを記したものだ。ただし古い時代のものは——たとえば美しく彩色されて『ウィーン写本』と呼ばれている、古代ローマの医師ディオスコリデスの書いた『薬物誌 *De Materia medica*』のギリシア語の写本（6世紀初頭の作）のように——写本しか存在しないものもある。[18] 1500年以上前に修道院の筆写室で内容もわからずにディオスコリデスの描いた絵を写したものにしても、15世紀にイギリス最初の活版印刷業を始めたウィリアム・カクストンの工房で刷りあげたものにしても、今となっては不鮮明になってしまった植物画も多い。

現代的な植物画の歴史は、ドイツの神学者で植物研究家でもあったオットー・ブルンフェルスが1530年に出版した『植物写生図譜 *Herbarium vivae icones*』から始まった。解説文は当時としてはありきたりの内容で一流とは言えないものだったが、挿画を担当したハンス・ヴァイデッツの実際の植物そっくりの木版画は大きな収穫だった。明らかにブルンフェルスは掲載した植物を実地で調べたことはなく、地域ごとに植生が異なることさえ知らなかった。それに対しヴァイデッツのほうは実地に植物を観察して、彼の師匠アルブレヒト・デューラーの作品と見まがうばかりの植物画を描いている。

ヒエロニムス・ボックの『植物本 *Kreutterbuch*』（1539年）には著者が直接観察した植物についての描写がある。ドイツの植物学者レオンハルト・フックはブルンフェルスとボックの著作の長所をあわせもつ傑作『植物誌 *De Historia stirpium*』（1542年）を出版した。これはドイツ国内に生育する約500の植物を網羅したものだ。フックは彼の著作以前に出版された植物本の木版画をそのまま用いたが、それらの植物画は以後18世紀末までヨーロッパ中で使われることになった。それればかりか彼が使った植物画は19世紀のラファエロ前派［ルネサンス初期の理想に立ちかえろうとした］の画家たちやウィリアム・モリスらのアーツ・アンド・クラフツ運動、20世紀初めのアールヌーボーの芸術家たちにも影響を与えた。

植物画を科学的根拠として使うことの是非についてはいろいろ議論があるが、私たちがよく知るキク科植物の歴史を知ろうとすれば、植物画は唯一の手がかりと言えるかもしれない。夏も終わる頃になるとヨーロッパ中の庭を彩るダリアの原産地は、メキシコだ。[19] ダリアについてのもっとも古い記述は『バディアヌス写本』または『アステカ族の薬草について *Libellus de Medicinalibus Indorum Herbis*』と呼ばれる、コロンブス以後のアメリカ大陸の植物に関する図版つきの本に見られる。これはキリスト教に改宗したアステカ族のマルティン・ド・ラ・クルスが、現地の植物と薬草について1552年にアステカ語で書いた書物をラテン語に訳したものだ。この本のダリアに添えられたイラストは非常に単純で、キク科のいろいろな植物にあてはまるように見えるという難点はあるものの、この本によってダリアがメキシコ原産であることが証明された。さらにはその事実を拡大解釈することで、ダリアはスペイン人コルテスに滅ぼされたアステカ王国の最後の皇帝モンテスマが好んだ花だったとされ、ダリア生産者の宣伝に大いに活用されることにもなったのである。

ところかわってヨーロッパでは、ナポレオンの妻、ジョゼフィーヌ皇后は居城であるマルメゾンの庭でダリアを大切に育てていたらしく、それがお気に入りの花だったと言われている。しかし皇后の庭に出入りを許され、花の絵を数多く描いた画家ピエール＝ジョゼフ・ルドゥーテにはバラを

「猟の獲物と野菜、果物、オウムの静物」。アーティチョークの束が見られる。アドリアーン・フォン・ユトレヒト作。キャンバスに油彩。1650年。

描いた作品が多いところを見ると、皇后はバラのほうが好きだったのかもしれない。[20]

あくまでも芸術として生みだしたものが科学的な価値をも有した例が、ドイツの写真家であり教師でもあったカール・ブロスフェルトによる、白黒クローズアップ写真の傑出した習作の数々だ。ブロスフェルトはそれらの写真を生徒に見せる教材として使っただけで、生徒以外の人々がその写真を目にしたのは1932年の彼の死の直前だった。彼が出版した写真集『芸術の原型 *Urformen der Kunst*』（1928年）は彼の作品と精密さと美しさを存分に見せるもので、その後何十年も科学写真家と芸術写真家の両方に影響を与え続けた。

◉らせん形と対称形

キク科植物を写実的に、あるいは印象派的に描いた図柄は、陶磁器からアクセサリーまで、本の表紙からプラスチックの玩具や紙袋までと、あらゆるものに使われている。ヤグルマギクやアザミは16世紀中頃から20世紀まで、トルコのイズニック・タイルからアメリカのスタングル社の陶器、あるいはア

ソーワート。カール・ブロスフェルト撮影。1928年。

1950年代にスタングル社が製造したアザミを描いた陶器とオックスフォードサワギクを描いた19世紀の絵を柄に用いたマグカップ。

メリカのコーニング社、イギリスのピルキントン社のガラス製品など、さまざまな製品を飾っている。もっともキク科植物には多くの種類があるが、好んでデザインに使われるのは限られた一部のものにすぎない。それらの植物がデザイナーを引きつけた要素は、派手な色彩と形状にくわえて、その対称性——まさにブロスフェルトの写真が明らかにしたもの——だったに違いない。

18世紀後半、ドイツの文豪にして博物学者でもあったゲーテは、植物の形態と、すべての植物が明らかに内包する諸器官の類似性に魅了され、1790年に初の植物に関する論文『植物のメタモルフォーゼ試論』「『ゲーテ 形態学論集・植物篇』木村直司編訳／ちくま学芸文庫／2009年に収録」を発表した。そのなかで彼は、種子の子葉が次第に変形して本葉や花弁など植物のすべての構造を生みだすと論じている。[21] このゲーテの論文は植物の形態に関する私たちの理解を大きく進展させ、19世紀から現在にいたる進化生物学の大きな進歩のさきがけとなるものだった。[22] ゲーテは植物の成長と形成においては垂直方向の成長だけでなく、らせん形を描きながら進む成長もあることを発見している。ゲーテの論にしたがえば、ヒマワリはらせんを描きながら茎に葉が形成されていき、次いで頭状花序の周囲の苞葉《ほうよう》がらせん形を描きながら形成され、同じようにして頭状花序の中に小花が形成されていくのだ。

多くのキク科植物の頭状花序に興味深いらせん形状が見られるが、頭状花序が小さいものではそれがわかりにくくなる。18世紀の自然科学者としての立場でらせん形状を指摘したのはゲーテだったが、その構造をさらに説明するためには19世紀フランスの物理学者オーギュスト・ブラヴェとルイ・ブラヴェの研究を待たなければならなかった。この兄弟は、葉と小花は――実際には自然界の多くの生物体は――137・5度すなわち黄金角［自然界や美術でもっとも美しい比率といわれる黄金比を円周上に移した角度］で分割されていることを発見した。[23] しかしこの角度と植物の成長と関係を説明するためには、さらに1世紀以上の時が必要だった。

らせん形あるいはらせん形のように見える形状は自然界にはいくらでもある。[24] その多くはつきつめていくとある数学的概念、フィボナッチ数列にたどりつく。この数列はピサのレオナルドとも呼ばれる13世紀イタリアの数学者レオナルド・フィボナッチにちなんで名づけられているが、実際には古代インドの数学者たちにすでに知られていた。並んでいる数字のどれもが、常にその直前の2項の和であるような数列――0、1、1、2、3、5、8、13、21……――だ。さらに、それぞれの数字を直後の数字で割ると1、0・5、0・666……、0・6、0・625、0・615……となって無理数φに収束する（ちなみにいちばん有名な無理数は円周率πだ）。φは一般には「黄金数」「黄金比」「黄金分割」として知られる。人工物にせよ自然物にせよ、その気になって探せば黄金数はしばしば見つかるので、その事実が何か神秘的なものと結びつけられてしまうことも多い。[25]

大きなヒマワリの頭状花序に見られるふたつのらせん形状（時計まわりと反時計まわり）は、生物の成長のしかたに関係がある。ヒマワリは――植物のすべてに共通することだが――芽や茎や根の先端に現れる成長点から成長する。成長点には成長する細胞の小さなかたまり（原基《げんき》）があり、成長に最適なスペース（137・5度離れて）を求めて競いあって、やがて葉や苞葉や花に分化する。成長点は伸びた先に移動し、あとには原基が残る。したがって古い原基ほど成長点から遠く離れていく。原基の古い順に形成されていくらせん形状は成長点が動いた跡だ。一方、頭状花序の中ではとなり合う小花が互いの成長に最適な角度に伸びることでらせん構造を形成している。成長点の移動によって形成されるらせんの角度が何らかの理由で少しでもずれると、らせんの形状はくずれ、小花の並び方も乱れることになる。[26]

ヒマワリの時計まわりのらせんと反時計まわりのらせんにある（管状小花ひとつひとつにできる）タネの数はフィボナッチ数、つまりフィボナッチ数列のとなり合う数――34、55や55、89……のように――になると推定する研究者は多いが、この仮説を検証するためには厳格な手順を守って収集された大量のデータが必要だ。シチズンサイエンス（市民科学）という言葉自体は21世紀になってできたものだが、実際にはそれは何世紀も前から行われていたことで、要するにほとんど科学者になるための教育を受けたことのない一般市民が科学的データの収集に協力することを意味する。参加者はデータ収集に協力することで科学の一端にふれることができ、研究者の側は市民に自分の研究内容を知らせることができるので、どちらにとっても有益である。イギリスで実施されたシチズンサイエンスによるヒマワリの調査によれば、調査したらせんのタネの数としてはフィボナッチ数がいちばん多かった。[27] しかしそうではない例もかなり見つかっている。進化の原因である変異が、ヒマワリの頭状花序のらせん形状に起こるというのもあり得ることだ。

◉文学と音楽

19世紀イングランドの「農民詩人」、ジョン・クレアはデイジーを「緑の草を飾る」「銀の飾りボタン」「きらめく露をまとって」などと歌い上げた——それは私たちにも親しみのある光景だ。[28] デイジーは遅くとも14世紀には、すでにイギリスの作家や詩人の作品に登場している。14世紀の詩人チョーサーはデイジーのことを「すべての花のなかの花、花の女帝」と描写しており、15世紀の手書きの写本の余白には芝生の上にデイジーが咲き乱れる庭園で愛を語る恋人の姿がよく描かれていた。[29] シェイクスピアは『ルークリースの凌辱』という作品でヒロインであるルークリースの描写にデイジーを使い、「彼女の一方の手はベッドからはみ出し、緑色の上掛けにのせた純白の手は、緑の草の上に咲く4月のデイジーのようだった」と書いた。

スコットランドの農民詩人ロバート・バーンズは「山のデイジーに捧ぐ（1786年4月に鋤をふるいながら）」という詩で人間の命のはかなさをデイジーの運命に重ね、「デイジーの運命を悼んだ汝も、日もおかずに同じ目にあう定め、容赦ない鋤のひと振りで、咲きほこり意気さかんだったものが、耕された土の重みに押しつぶされる、同じ運命に遭うとは」と歌っている。ちなみに英語の「デイジーを押し上げる pushing up the daisies」は「死んで埋められて」を「草葉の陰で」と言うような婉曲的な表現だが、フランス語にはタンポポを使う同じような言いまわしの「タンポポを根から食べる manger lea pissenlits par la racine」がある。

もっとも有名な児童書のひとつ、ルイス・キャロルの『不思議の国のアリス』〔河合祥一郎訳／角川文庫／2015年〕は「デイジーの花輪を編むことも楽しいけれど、デイジーを摘むために立ちあがるほどの価値があるのかしら」とアリスが考えこむ場面から始まる。子供の想像の世界では、王冠にもティアラにも腕輪にもベルトにもなるその素朴な花輪の魅力の一部は、花の先端と根元を次々につないでいく同じ行為の繰り返しと対称性がもたらすものだ。デイジーの花輪を編む行為に見られる繰り返しと対称性は、コンピューター処理や数学、かぎ針編み、臓器移植手術、釣り、分子生物学など、さまざまな分野の行為をも連想させる。「あの子は私を好き、嫌い、好き、嫌い……」と繰り返す恋占いでも、デイジーがいちばんよく使われる（占いで良い結果がほしければ、花びらが奇数のものを選ぶことが大切だ）。

それはさておき、英文学でもっとも有名なデイジーといえば、ヘンリー・ジェイムズの『デイジー・ミラー』〔小川高義訳／新潮文庫／2021年〕に登場する奔放な美女デイジーと、スコット・フィッツジェラルドの『グレート・ギャツビー』〔村上春樹訳／中央公論新社／2006年〕の自己陶酔的な美女デイジー・ブキャナンになるだろう。

イギリス人シンガー・ソングライターのハリー・ダクレが1892年に作詞作曲した「デイジー・ベル」（または「二人乗りの自転車」[30]）はポピュラーソングのスタンダードナンバーになっているが、コンピューターの歴史を語るうえでも忘れられない歌となっている。1961年にベル研究所がI

手書きの『年代記』第3巻の、ある1ページ。余白にアザミやイチゴなどの植物を描いた帯状装飾が見られる。1480年頃。

コモンデイジーの突然変異体。庭でよく栽培されているもの。

BMコンピューターに史上初の人工音声で「デイジー・ベル」を歌わせたのだ。この出来事は、のちにアーサー・C・クラーク原作の映画「2001年宇宙の旅」（1968年）で、コンピューターのHALが最後の力をふり絞って「デイジー・ベル」を歌うシーンにつながることになる。

よりシリアスな内容の歌が、アメリカのフォークロックグループ、ザ・ディセンバリスツの「戦争が来たとき When the War Came」（2006年）だ。ソ連の遺伝学者ニコライ・ヴァヴィノフの名と「キク科 asteraceae」という単語が歌詞に出てくる歌はこれしかないだろう。この歌詞のなかでは、第二次世界大戦末期のナチスドイツによるレニングラード包囲戦にさいして、植物の種子標本を保存していた市の施設で標本の種イモを守りぬき、みずからは餓死した研究員たちが讃えられている。[31]

キク科植物の画像がソーシャルメディアの感情アイコンになっていたり、人々が自分なりのイメージをキク科に与え続けていたりする現代社会にあっては、キク科の花の象徴的な意味も変わってきている。それでも、キク科の植物が何百年も変わらず存在感を示し続けているのは、庭の花壇と花《か》卉《き》市場であることは変わらない。

第9章　栽培の工夫

今や園芸学は金銭的な利益をめざす人々だけが研究するものではなく……引退したビジネスマンや有閑階級の人々から地位も名誉もある貴族階級の紳士淑女までが、園芸学を趣味として楽しんでいる。

——ジョゼフ・パクストン『ダリア栽培に関する実践的論考 *A Practical Treatise on the ltivation of the Dahlia*』（１８３８年）[1]

キク科植物は世界のどこにでもあり、私たちの庭にもたくさん生えている。大切に育てたあげく増えすぎて厄介者になるものもあれば、望まないのに生えてきて根こそぎにされるものもある。人間はこれまで何世紀も自宅や花壇をキク科植物で彩ってきて、もはや園芸家のパレットから生みだすことのできない色や形などないと思っているかもしれない。だが園芸家たちは、花びらの形をほんの少し変えたり、色あいをちょっとだけ濃くしたり薄くしたりして新種を次々に作りだしていて、もちろん病害虫に負けない強さの追求にも励んでいる。17世紀の園芸家——庭に植える植物を交配

西ヨーロッパおよび中央ヨーロッパ原産のフタマタタンポポは荒れ地に生えるありふれた植物だ。

させたり増やしたりする業者や当時の遺伝学者たち――は選択的な交配を続けることで、ひとつの種《しゅ》のなかで新種を作ることに励んでいた。[2] しかし学問として真剣に植物を研究していたリンネら植物学者たちは彼らを見下し、園芸家は「自分たちのようにその道に精通した人間にしかできない秘術めいた研究を進めているが、植物学者にしてみればそんなものには何の価値もない。だからして、まともな植物学者たるものは彼らに関わってはならない」と発言している。[3]

現在、ヨーロッパの庭園はキク科植物の栽培新種、つまり交配業者の技術の成果であふれかえっており、1900属8000種以上がごく普通に植えられている。[4] そして、庭を彩るだけでなく、一部のキク科植物――アスター、キク、ダリア、ガーベラなど――は、生花の切り花市場で大量に売買されている。2015年には世界中で85億ドル近い取引があった。オランダとコロンビアが輸出額

秋に花が咲くたくさんの多年生キク科植物が咲き乱れているオックスフォード大学付属植物園の壁。

全体の62パーセントを占め、アメリカとドイツが切り花の輸入総額の3分の1を占めている。[5] 生花の市場がこれだけ巨大だと、水質汚染などの環境問題、労働者の搾取や過剰な経済的依存などの社会問題も起こってくる。[6]

アスター、キク、ダリアは何世紀も前から多くの生産者がいて、それらの花の評価を高めるべく世界的な生産者組織も形成されている。何千もの栽培新種が、楽しむため、あるいは利益を得るために生みだされてきた。ダリアが原産地のメキシコからヨーロッパや北米に持ちこまれてわずか150年もたたないうちに、1万4000もの栽培新種が登録されたのだ。[7] しかしキク科植物を愛するのはヨーロッパや北米の人々だけではない。中国や日本の庭師はヨーロッパ人がその花を知る千年も前からキクの高度な栽培技術を身につけていたし、チューリップ好きで知られるオスマン帝国でも、ヤグルマギクはとても愛されていた。[8] いっぽう中世ヨーロッパの庭では、美しいキク科植物が実用的な目的で育てられている薬草類と生育場所を奪い合っていた。[9]

多くの場合、人工的な環境で植物を育てることには困難をともなう。時間とお金のある人のぜいたくな趣味だ。しかし美しい花の魅力にとりつかれてしまう人が絶えることはない。19世紀スコットランドのプラントハンター、ロバート・フォーチュンはこう書いている。「中国の庭師はその花［キク］の魅力にあらがうことができず、主人の意にさからってまでそればかりを育てる。好きな花を育てられないなら、その主人の庭を去ることさえある」。[10] 戦争が科学技術の発達をうながしたように、人の一歩先を行きたいという庭師の競争心が、庭の植物の多様性を高めてきたのだ。

野生の植物を原産地以外の土地で育てるには、その植物の遺伝的性質と新しい環境との相性がよくなければならない。そしてその植物に最適な環境で育てられれば、遺伝子の良い性質が最大限に発揮される。しかし、生まれ故郷と大きく異なった環境で生きるしかないこともある。２０１４年8月、ドイツで育てられたヒマワリが9・17メートルの高さまで伸びた。これは、もともとそのような遺伝子をもった個体が、最適な世話を受けて育てられた結果だろう。[11]

◉新しい住みか

植物を育てて利益を得ようとするなら、タネを手に入れて自分の土地でなんとか育てるだけでは十分ではない。その植物が元気に育つことが大切だ。当然ながら、簡単に育てられるものほど栽培者には都合がいい。人気があるのは、適応力が高く、幅広い生育環境で短期間のうちに育つ植物だ。これは理想的に育てられた栽培種と、その土地でよく育つ雑草の両方に共通する特質だ。よく知られたキク科植物の多くは、丈夫で簡単には枯れない。コモンデイジーやネバリノギクがそうだ。しかし一般には、住み慣れた場所から引き離された植物は育ちにくいことが多い。庭師はさまざまな工夫と経験を何世代もかけて植物に注ぎこむ必要がある。[12]

植物学者や庭師は、同業者が手に入れた植物は自分も欲しいし、目新しい植物に囲まれていたいと思うものだ。これは欲得ずくの動機だけではない。好ましい植物が失われてしまうことを防ぎたいという気持ちでもある。病気のため、あるいは人気の衰えや流行の変化によって消えてしまった栽培新種は多い。一時は大流行しても、時代が変われば見向きもされなくなるかもしれない。古いガーデニングの本には、今は見られない多くの植物が載っている。ある植物が栽培されていたこと

マリーゴールド、ヤグルマギク、ハルシャギクなどの一年草の植え込み。

の証明が本や標本だけという事態を避けたいのであれば、その植物を育て続け、保護する仕組みが必要だ。植物とは本来、生きて子孫を増やし続けるべきものなのだ。

子孫を増やすための方法としては、受粉によって作られたタネを使う方法と、挿し木や挿し芽をしてクローンを作る方法が基本になる。タネは持ち運びができ、必要なものをすべて内蔵していて乾燥にも強く、環境がととのえば必ず芽を出す。生えていた場所から庭に移すのも簡単だ。それが庭でうまく育てば、またたくさんのタネができ、それを交換したり売買したりすればどんどん増えていく。タネの交換は、毎年農作物の栽培に用いるために、集落共同体の内部で、あるいは別の共同体と1000年も前から行われてきた。しかしタネも永遠に生き続けるわけではない。時がたてばいつかは生命力を失う。タネがどれくらい長持ちするかは植物によって異なり、数週間から数十年の幅がある。タネを低温で乾燥した状態で保存するための設備ができるまでは、毎年タネをまいては新しいタネを作る必要があった。

ほとんどのタネは休眠という生き残りのための能力を、さまざまな形で自然に備えている。それでもいったん発芽してしまえば、もうあと戻りはできない。出てきた芽は、厳しい環境に適応できなければ枯れるしかない。しかしタネの休眠についての知識がない時代の庭師も、さまざまな工夫をしてその問題に対処してきた。タネをしばらくとっておくだけですむ場合もあったし、凍えるような低温においたり煙を当てたりする方法もとられていた。

クローンを作る方法は、分化全能性《ぶんかぜんのうせい》という、分離された体細胞から全組織を再生する能力を利用する方法だ。ある植物の葉を1枚、あるいは茎を1本とって地面にさしておくとそれが育つという

菊の花壇（1896年）。19世紀末の日本でキクの栽培にいかに手間がかけられていたかがわかる。

のは多くの人が経験したことだろう。この方法は何千年も前から植物を盗んだり増やしたりするために使われてきた。何世代も続いた庭師たちの試行錯誤の結果、どの植物のどのあたりの部分をとればうまく増えるかという栽培上の知恵、もしくは神話がたくさん蓄積されている。たとえば、大きく広がった茂みを株分けしたり匍匐《ほふく》枝やわき芽をとって植えたりする方法は北米原産のネバリギクを増やす効果的な方法だ。前述のロバート・フォーチュンは1860年代に日本の庭園からキクの挿し芽をするために切り穂を取り、それが西洋のキクを大きく変容させることにつながった。[13] 船に乗せて運んでも中に入れた植物が風雨にさらされないガラス張りの箱（「ウォードの箱」と呼ばれる）をナサニエル・ウォードが発明したおかげで、フォーチュンの植物採集はずいぶん楽になっていた。[14]

◉望ましい遺伝子を手に入れる

現在では、ほとんどのキク科植物が原産地ではない土地で交配され、育てられ、取引されている。わずか200年前にキクやダリアを育てていた人々でも、今のキクやダリアを見たら同じ植物だとはわからないだろう。何千年も前から中国で栽培されていたキクが西洋に持ちこまれたのは17世紀後半であり、散発的になんとなく栽培されるようになったのも18世紀初頭からだった。[15] ヨーロッパでキクの人気が高まったのは、1789年にマルセイユの貿易商ピエール＝ルイ・ブランカールが中国から大輪の紫の花を咲かせるキクを輸入してからのことだ。その花は1年後にイギリスに到達し、新聞にはそのイラストが掲載されて「今後キクは高級品と見られるようになるだろう」というコメントがついていた。[16]

それに続く何年かのうちにさらにいくつかの栽培新種が中国から持ちこまれ、キクの花に新しい色と形が加わった。1826年にはイギリスの園芸家協会は48種の新種を発表している。[17] ヨーロッパの冬は寒くてタネが十分に成熟するのは無理だったので、新種はすべて接ぎ穂から育てられたものだった。しかし1820年代の終わりまでには実生の苗から育てることができるようになり、大変な数の新種が生まれて栽培家の目を楽しませた。1840年にはイギリスのキク愛好家ジョン・ソルターが、ヴェルサイユにある彼の苗木畑で300～400種のキクを育てていたということだ。

ソルターは「最初に変種を、あるいは完成度は低いながらもいくつかの新種を作り出した」のは中国の人々だと認めたが、それらはヨーロッパで完成され「中国のキクは……こんにち私たちの冬

ヴィクトリア時代中期のイギリスの庭に植えられていた一年草チャイナアスターのいろいろ。

中国清朝のキクの花をかたどった翡翠の皿。18世紀から19世紀。

の庭を何よりも美しく飾ってくれているキクとは比べ物にならないしろものだった」と自慢げに語っている。[18] しかし彼は中国のキクという氷山の、ほんの一角しか知らなかったのだ。実際には1630年時点で中国のキクの品種は500種以上記録されていた。[19] ロバート・フォーチュンは1840年代に（多くの場合こっそりと）イギリスで育ちそうな新しい植物を求めて中国を旅した。[20] 彼が持ちかえってイギリスの庭を豊かにした多くの植物のなかに、小さい花を咲かせる2種のキクがあった。それはイギリス人の好みからすれば花が小さすぎたが、フランス人には大いに気に入られ、ポンポンのように房になって咲く新種が作られた。

フォーチュンがキクの歴史に残した功績はそれだけではなく、1860年代に日本を訪れた彼は、それまでヨーロッパでは見たことのないような非常にめずらしい色と形の花を咲かせる新種をいくつか手に入れた。そのなかには、太くて長い髪の毛のような形の赤い花弁の先に黄色が入って、まるでショールかカーテンのフリンジのように見える花を咲かせるもの、白くて幅のひろい花弁に赤い縞の入ったカーネーションかツバキのようにも見えるものがあり、驚くほど花が大きいものや色のあざやかなものもあった。「もしこれらの新種をヨーロッパに持ちかえることができれば、私がかつて持ちかえって大切に育てたチュサンデイジーがポンポン咲きのデイジーを生みだしたときのように、イギリスのキクの世界に大変な変化を起こすだろう」とフォーチュンは書いている。[21]

今では、中国、日本から持ちこまれた遺伝系統を異種交配し、それをさらに選択的に交配して生みだされた何千ものさまざまな形のキクが育てられている。それらは一重《ひとえ》咲きや半八重《はんやえ》のものから、花弁が内側にカーブしたもの、房咲きのもの、アネモネ、スプーン、羽根、クモといった、聞いた

切り花としての人気も経済的価値も高いガーベラの先祖のひとつであるトランスバールデイジー

だけではキクとわからないような呼び名のついたものまで、花の形によって13の種類に分けられている。おそらくキクが中国から日本へわたった8世紀にはすでに交雑種《ハイブリッド》になっていて、それが現代になってさらに推し進められたのだろう。

一時は衰えていた人気が1960年代になって再燃した花がガーベラだ。栽培種のガーベラは、現在の南アフリカ共和国とエスワティニ王国（旧スワジランド）あたりが原産のトランスバールデイジーと、東アフリカに生育し小さく白い花を咲かせるガーベラ・ヴィリディフォリアを人工的に交配したハイブリッドだ。[22] 現在栽培されているガーベラの遺伝物質は、19世紀後半にアフリカで採集された野生種のものだ。

トランスバールデイジーは1870年代に発見されたが、イギリスに持ちこまれたのはその10年以上も後だった。王立植物園キューガーデンの園長ジョゼフ・フッカーはその花は人気が出そうだと考えていたものの、イギリスで咲いた花を見てがっかりしたらしく「原産地ではこの花の舌状花はもっと明るい色だったに違いない。彼〔最初にその花を紹介した南アフリカの植物学者ハリー・ボーラス〕は炎のような色と書いているのだから」と書いている。[23] その後19世紀末までは、ケンブリッジ大学付属植物園のリチャード・リンチによる育種や異種交配、人為選択などが熱心に行われていた。[24] しかしガーベラへの関心は徐々に衰え、ふたたび人気に火がついたのは第二次世界大戦後のことだ。今では花の形や色のバリエーションは驚くほど増え、非常に派手な色のものもあって、世界の切り花市場でもっとも人気のある花のひとつになっている。[25]

望ましい植物の望ましい位置に望ましい遺伝子があれば、巨大な経済的価値が生まれる。望ましい遺伝子を得ようとする経済的な動機が、19世紀のヨーロッパ各国による植民地の植物収集の全盛期と、植物園の新増設ブームをもたらしたのだった。[26] １８５１年にロンドンで開催された万国博覧会では、農業と園芸、経済的価値のある植物に関する大規模な展示が行われ、自然界がもつ潜在的な価値に人々は目を見張った。現在、多方面にわたる植物の利用は、経済学で言う自然資本という概念と、環境サービスの提供——たとえば穀物の授粉や水資源の保護のような——という概念でくくられている。

◉消費者の要求に応える

望ましい遺伝子を見つけて栽培を始めたら、その特質を最大限に発揮させるために環境をととのえてやる必要が出てくるだろう。現在ではキクの花には多様な色と形と大きさのものがある。屋外

マカロネシア原産のキク科ペリカルリス属のハイブリッド園芸種、シネラリア。

で生育して秋に開花するキクもあれば、室内で育つように仕立てるキクもある。キクでよく行われる栽培方法は、おもに形を整えるための側芽《そくが》取りと、開花時期をずらすための電照栽培のふたつである。

植物の茎には、先端につくものと横につくものの2種類の芽がついている。どちらもやがて茎になるか花になる。普通は先端の芽が側芽より優勢だが、先端の芽を取ってしまえば側芽がかわりに育つ。庭師は何世紀も前からこの方法を、たとえば生垣の刈り込みなどに使ってきた。キクの場合は1本の茎の側芽をすべて取ってしまえば先端に咲く花が大輪になる。鉢植えのキクのほとんどは何本かの茎があり、すべての茎の側芽が取ってある。スプレーギクの場合は先端の芽を取り、側芽を成長させていくつもの花を咲かせるのである。

ロバート・フォーチュンは19世紀の中国で、そのような操作をしてキクを装飾的な形（トピアリー）にしたものに出会った。

彼〔中国人〕がこれほどの手間をかけ、これほどすばらしい形に育てあげた植物はほかに見たことがない……これは彼にしかできないことだ。途中までのびのびと育っていたキクが彼に出会って、彼の意のままに形を変えたのだ。馬や鹿といった動物の形になったものがあり、この国でよく見かける塔のような形になったものもある。こうして面白い形に育ったキクも、自然のままに伸びたキクも、じつに生き生きとして健康そうだ……上海や寧波《ニンポー》あたりのキクは広東のものより一段とよく手入れされている……中国人は非常に大きな花を好む。彼らは大輪の花を咲かせるため、ひとつを残してほかのつぼみはすべて取ってしまう。[27]

20世紀の中頃、科学的研究にもとづき日照周期を人工的に操作することでキク栽培の収益性が格段に向上した。植物によっては、花芽を形成するために光に当たらない暗い時間がある程度続くことが必要なものがある。その周期についての理解がまだ不完全だった頃に、大まかに名づけられたのが長日性《ちょうじつせい》、短日性《たんじつせい》、中日性《ちゅうじつせい》の3つのタイプだった。長日性の植物は花芽を形成する直前に短時間の暗い期間が必要なもの、短日性の植物は花芽の形成に長い夜が必要なものだ。日照時間に関係なく開花する多くの植物は中日性と呼ばれる。キクは短日性だ。日照時間がある限度を超えて短くなると花芽が形成される。逆に一定時間を超えると葉が形成される。

キクの場合はさらに、花芽の形成だけでなくその成熟のスイッチが入るためにもう一度日照時間が短くなる必要がある。それぞれの操作がどの程度の期間必要かは気温と栽培する品種によって変わる。この栽培法が確立するまで、キクは日照時間が自然に短くなる温帯地域の短い秋にしか咲かせられなかった。現在では日照時間も気温も品種も人工的に変えられるので、世界のどこでも一年中キクを咲かせることができる。

かつてはある季節を代表する植物だったものが、今では一年中あることが当たり前になった。フォーチュンが19世紀の日本の秋に目撃したキク人形の展示も、今やいつでも可能なのだ。

この庭園で何よりすばらしかったのは、キクの花で作った女性の人形だ。何千ものキクが使われている。全身にキクの花をまとった女性が小さな小屋掛けやあずまやから訪問客に微笑みかけている。その効果はじつに驚くべきものだった。[28]

育種家が選んで育てたキク科植物の大部分は、そのまま商品として市場に出すことは難しい。病気に負けない強さをもつこと、多くの消費者に気に入られることが必要なのだ。栽培が長く続いている品種を見れば、人々がどんなことを重視しているか、どんなものを買いたいと思うか、どんなものを次世代に引きつぎたいと思っているかがわかってくるかもしれない。

●キク科植物の頭状花序を改良する

ヒマワリのいろいろな品種を集めたり栽培したりしている人々は、その花（正確には頭状花序全体）の色と形が一般的なヒマワリのイメージとどれほど異なっているか、に注目する。[29] ゴッホの絵画「ひまわり」シリーズには、いろいろなヒマワリの花が描かれている。周囲を飾る舌状花の色は赤から濃いオレンジ色、ゴールデンイエローから薄い黄色、クリーム色まであり、頭状花序の中を埋める管状花が濃い紫色のヒマワリもある。形にしても、舌状花が筒状で管状花と同じように見えるものもある。

このようなバリエーションの豊富さは、じつは栽培用のキク科植物だけに見られるわけではない。たとえば17世紀後半のオックスフォード大学の薬草園にあったナツシロギクには、そこの初期の管理者たちが野生の植生から採集してきたいくつかの突然変異種が混じっていた。一般的な「シンプリチ」と呼ばれる種は白い舌状花と黄色い管状花をもつが、「ブッラーティス・フローリブス」は管状花しかないのでボタンのように見え、「フィストゥルーゾ」は舌状花が筒状で、「フローレ・プレーノ」は管状花が舌状花と同じように見える。[30] 育種家はこのような自然に生まれたバリエーションから好ましいものを選択して、キク、ダリア、ガーベラ、デイジーなどの園芸種の新種を次々と増やしてきた。

新種は、DNAが永久に変化してしまう自然のプロセスつまり突然変異の産物だ。映画や小説などに出てくる突然変異種には怪物めいたイメージがあるかもしれない。しかしそれは自然界における進化をもたらすものであり、園芸の業界では「枝変わり」と呼ばれて新種づくりに欠かせない材料なのだ。自然界の植生にもっともよく見られる突然変異種は「野生型」と呼ばれている。自然界の突然変異に加えて、育種家はX線やガンマ線や紫外線を照射したり、化学物質を使ったりして人工的に突然変異を誘発することもある。突然変異のほとんどは植物にとって有害であり、害がなくても外見に何も変化を起こさないことも多い。たまたま起こった突然変異がその商品価値から世に

ヒャクニチソウ

送り出されて直接利益につながったり、すでにある品種との交配に使われたりすることもある。

植物は花粉を媒介する昆虫類を引きつけるためなどの理由で花の色を変えてきたが、今では美しい花を求める人間がその作業を引きうけている。花壇で育てられている何百種類ものダリアは、おもにその花の色から名づけられている。ダリアの場合、花の色を決定する色素には3種類ある。アントシアニンは花を赤紫、紫、深紅、緋色にし、カルコンとオーロンは黄色、フラボンとフラバノンは象牙色にする。[31]これらの色素は非常に複雑な生化学的経路をたどって作られ、そこではいろいろな酵素が働いている。どんな酵素を作るかはDNAの遺伝子によって決まる。

遺伝子に突然変異が起これば、酵素が作られなかったり働きかたが変わったりして色素の製造に影響が出る、つまり花の色が変わるのだ。特定の遺伝子のコピー数が変化すれば、それも色素の製造に影響して花の色が変わることになる。ダリアの花色のバリエーションは無数にあるが、それに関係する遺伝子はわずかだということがわかっている。その少ない遺伝子が複雑に作用しあっているのだ。その相互作用の複雑さを考えれば、遺伝学という学問がまだ生まれて間もない20世紀に、ダリアの花色の遺伝のしかたがある程度解明できたのは驚くべきことだ。花の色に関する遺伝的要因の理解が進むにつれて、望みどおりの色が出せる確率も高まってきている。

頭状花序の突然変異は、しばしば小花の対称性の変化によっておこる。典型的なヒマワリの頭状花序では、放射対称性（複数の対称軸）をもつ管状花の周囲を左右対称性（対称軸が1本だけ）の舌状花が囲んでいる。ヒマワリでは花の対称性を生みだすのは特定のひとつの遺伝子だ。[32]この遺伝子が間違って発現すると管状化の放射対称性が失われ、ひらひらした八重咲の花になる。その遺伝

17世紀のヨーロッパの庭に生えていたナツシロギクの一重と八重の花

子の機能が完全に失われると舌状花の左右対称性が失われ、放射対称性を示すので管状の花になる。対称性の変化はその花の受粉の仕組みに大きく影響するので、植物学的にも経済的にも重大な意味をもつ。[33] キク科植物の場合、舌状花は昆虫類を引きつけて異種交配による種子を増やすからだ。[34]

頭状花序の突然変異としては、舌状花がなく管状花だけになったように見えるものが、たとえばハマシオンやフランスギクなどにしばしば出現する。種によっては舌状花のないタイプから舌状花のあるタイプが生まれることもある。その有名な例のひとつが第2章でふれた放射状ノボロギクだ。

●庭の囲いを越えて

長い時間をかけて人間は環境を作りかえて自分たちが住みやすい場所にし、さらにそこを植物で飾ってきた。私たちが環境にもたらした変化はとても大きいが、多くの場合その変化の代償はこの星でともに生きる人間以外の生物によって支払われてきた。人間は自分の都合で、いろいろな植物の生育範囲を自然のままならあり得ないほどにまで広げてきたが、ときにはそうした植物の逆襲を受けることもある。

キク科植物は人間が家畜を連れて移動する先々についてきて、都合のいい場所へ着くとチャンスをのがさずそこに根をおろす。人間が自分の好きな植物をわざわざ大切にもって移動することもあれば、知らないうちに運んでしまうこともあった。その結果人間の手には負えないほどはびこり、農業や環境に害を与える植物も出てくる。それらはいわゆる雑草であり、さらに攻撃的な外来植物と呼ばれるものになる。ふるさとを離れたキク科植物のほとんどは行った先で定着することはなく、かりに育ちはしても数世代後には絶えてしまう。しかし不屈の生命力で新しい土地に根づき、昔からそこに生育していたかのようにふるまう植物もある。それがついには、その土地でいちばんの勢力をもつようになることもある。そうなると環境や経済に与えるダメージは大きなものとなる。しかしある植物が持ちこまれる前に、見た目だけでそれがどんな影響力をもつか判断することは不可能だ。せめてもの救いは、100種の外来植物のうち有害な外来種は1種しかない、つまり確率は約1パーセントだということだろう。[35]

外国から持ちこまれてイギリス国内に定着した植物は約2500種あり、その半分は園芸用に持ちこまれたものだ。[36]過去3世紀のあいだに法規制を受けることなくイギリスに大量に持ちこまれた園芸植物は、国内の植生に劇的な影響をおよぼした。たとえば現在イギリス国内にもっとも広く生育している外来のキク科植物は、目立たない頭状花序と芳香を放つ、細く裂けた葉をもつコシカギクだ。この植物は1869年にロンドンの北に位置するサリー州のキューで初めて記録された。原産地の東アジアから北米経由でやってきたものらしい。タネをひろく散らばらせる仕組みを特にもたないコシカギクでも、靴底や車輪にこびりついた泥に混じって簡単にタネを移動させることができるのだ。ちなみにイギリスに定着した外来種の数は第一次世界大戦以前に急激に増加し、大戦後は減少したのだが、その原因はおそらく大規模な庭園とそこで働く人間が少なくなったからだろう。[37]

すでに見たように、18世紀初頭にオックスフォード大学の薬草園に持ちこまれたオックスフォードサワギクは、やがて市の城壁にまで進出した。[38] 19世紀初頭には「オックスフォード市内および近隣のほとんどすべての壁にまで勢力を拡大した」。住民の数に変動はあったものの「1875年にそれが生えているのは町のジェリコと呼ばれる一角だけだ」。[39] サワギクはイングランドにはゆっくりと適応していったが、スコットランドに適応するのには50年もかからなかった。[40] その後の推移を見ても、オックスフォードサワギクがオックスフォード近辺にとどまっていたのは、外にタネを運ぶ手段があまりなかったことと、市の壁を越えた外にあまり生育に適した土地がなかったからのようだ。

1840年代に鉄道が開通すると、サワギクがオックスフォードから出ることは格段に容易になり、線路の砂利は理想的な生育場所になった。第二次世界大戦前のイギリスにおけるオックスフォードサワギクの生育地はリヴァプールとオックスフォードを結ぶ路線の南と西に広がり、1945年以後はおもに同じ路線の東と北に広がった。北西への広がりは鉄道のグレートウェスタン線に沿って進み、羽毛のついたサワギクのタネが蒸気機関車の客車に乗って運ばれるロマンチックなイメージが、その傾向をさらに加速した。[41] 第二次世界大戦後は、特にイングランドの南部と東部の空爆を

北米、オーストラリア、ヨーロッパで花壇や芝生にはびこる外来種として深刻な問題になっているクリーピング・サウスアメリカン・カーペット・バーウィード。

受けた土地にもオックスフォードサワギクが進出した。[42] 1960年代の道路網の発達も、オックスフォードサワギクおよびそれ以外のヨーロッパサワギクの勢力拡大を助長した。[43]

オックスフォードサワギクがここまで勢力を拡大した背景には、それが絶滅することへの危惧もあった。19世紀の中頃、ウスターでは再開発のせいでこの花が姿を消したほかにも、コレクターによる行きすぎた採集によって絶滅した場所もあり、19世紀後半にはカンタベリー大聖堂の化粧直しのために壁に生育していたオックスフォードサワギクが一掃されたこともあったのだ。[44]

あらゆる場面でグローバリゼーションが叫ばれる昨今だが、キク科植物が世界中で私たちの作りあげてきた植生に進出しようとする勢いもすさまじい。庭にキク科植物を植えるときには、まさかそれが庭からはみ出して雑草と化すとは誰も思わない。私たちが植物を庭に植えるとき、それが手に負えなくなるかどうか、なるとしたらいつそうなるのか、庭がどうなるのかなどはよくわからない。もしある植物がその侵略性をあらわにすれば、抑えこむことは非常に困難だ。そのような植物は侵略を邪魔されないよう人間の生活様式に合わせて進化してきているからだ。

ここまで私たちは、地球上でもっとも多くの植物を含み、もっとも多様性に富んだキク科の植物が、どのように私たちの文化の一部となってきたかを見てきた。しかし、キク科植物についてわかっていないことはまだまだ多い。たとえば、すべてのキク科植物のうち、人間や動物の主要な食物となるものは9種だけだ。[45] 同じくらいの数の種《しゅ》をもつマメ科には、世界中で主要な食料とされている種が約20ある。当然、どうして食料となるキク科植物はそんなに少ないのかという疑問がわいてくる。[46] キク科の生態は主要な農作物になるには適していないのか？ それとも、これは毒がありそうだから食べないでおこうと決めた昔の農夫のせいで、食用としてのキク科の栽培が進まなかったのだろうか？

キク科のさまざまな化学的特性は薬用としては有効だが、一方で食用としての価値を限定的なものにしてきたのかもしれない。選択的交配によって毒性のある化学物質——しばしば苦みと結びついている——を減らすことも行われてはきた。レタスの栽培種はそのような選択により苦みが少なくなっている。しかし、チコリやエンダイブは今も苦みが魅力のひとつだ。

毒による命の危険を避けるため、というのが食用にされるキク科植物が少ない唯一の理由ではないはずだ。たとえばナス科のジャガイモやトマト、トウダイグサ科のキャッサバなどのように毒性の強い植物でも食用として栽培されているものは少なからずあるのだから。同じように、アレルギーを誘発する物質を避けるためという説も疑わしい。世界で広く食用とされている草のなかには高いアレルギー誘発性をもつものがある。

キク科植物が食用として重視されない理由としていちばん説得力があるのは、カロリーが少ないから、というものだ。キク科のタネから搾るオイルは長期保存できない不飽和脂肪酸を多く含んでいる。カロリーが高くて保存のきく作物のほうが、昔の農業には都合がよかったのだろう。キク科がたくわえている炭水化物は消化のよいデンプンではなく、消化の悪いフルクタンである。フルクタンを多く含む塊茎をゆっくり加熱すればカロリーは高まるが、調理の手間を考えれば主食としての価値はあまり高くはない。結局のところ、キク科植物に食用としての人気がない理由は、私たちが食物の選択に関しては非常に保守的だということに尽きるのかもしれない。

謝辞

オックスフォード大学植物標本室および植物分類学に関するシェラーディアン図書館の保管資料を閲覧させてくださった、オックスフォード大学植物科学部とボドリアン図書館に深い謝意を表します。

訳者あとがき

本書『花と木の図書館　ひまわりの文化誌』はイギリスの Reaktion Books より刊行されている Botanical シリーズの一冊、スティーヴン・A・ハリス著 *Sunflowers* の全訳である。

ヒマワリと聞けば老若男女を問わず、いつかどこかで見たヒマワリの花のあざやかな黄色とその夏の思い出がよみがえる人も多いことだろう。私たち日本人の誰もがまず思い浮かべるあの大輪のヒマワリは英語名を common sunflower（普通のヒマワリ）といい、じつはキク科ヒマワリ属に含まれる60種以上の植物のひとつである。北米大陸原産のヒマワリは16世紀初頭にヨーロッパにもたらされ、たちまち植物愛好家たちを夢中にさせた。美しい花を咲かせるだけでなく、その種子は食用にもなり、オイルをしぼることもできるため、各地に広大なヒマワリ畑も作られた。

植物学の研究者である著者は、ヒマワリの発芽のようすを時系列に沿って克明に描写することから始め、小さな花がたくさん集まって円盤型のひとつの花のように見えるヒマワリの頭状花序の構造をくわしく解説していく。さらに読み進めてひとつひとつの小花が順々に受粉していくようすなどを知れば、読者は生命の神秘とその驚嘆すべき美しさ、自然の偉大さのようなものを実感せずにはいられないだろう。

続いて著者はヒマワリ属を含むキク科の植物全体に目を向けていく。キク科植物はすべての植物のなかでも圧倒的な比率を占めていて、極地を除けば地球上のどこにでも生育しているという。それぞれの土地でその環境に適応するために独自の進化をとげ、生きのびてきたキク科植物があるのだ。乾燥に、寒さに、強風に耐えて子孫を残すために植物たちがどれほどの工夫をこらしてきたかを知れば、道端の草でさえ愛おしく思えてくることだろう。

キク科植物が含む化学物質には医薬効果のあるもの、染色に使う色素を含むもの（ベニバナはキク科だ）、虫除けに使われるもの（蚊取り線香でおなじみの除虫菊など）もあるが、誤って家畜が食べると死んでしまうものや花粉がアレルギーの原因となるものもある。日本で花粉症の原因のひとつとして知られているブタクサもキク科だ。

ヒマワリのタネはペットのエサや人間のスナックになっており、ヒマワリオイルは多価不飽和脂肪酸やビタミンEを多く含むヘルシーな食用油として、また保湿効果のある美容液としても使われていることは多くの人の知るところだが、キク科植物ではほかにもレタス、チコリ、エンダイヴ、アーティチョーク、シュンギク、カモミールなど食用またはハーブとして使われているものがある。レタスがヒマワリと同じキク科だったとは意外では？　ちなみにゴボウもキク科だ。

こうして著者は誰もが知っている「普通のヒマワリ」から説き起こし、やがては果てしなく広く深いキク科植物の世界へと私たちを導いていく。それは私たちの知的好奇心を刺激し、植物への、あるいは自然というものへの畏敬の念さえ抱かせてくれる体験となるはずだ。

本書の原文では、英語の一般名がある植物はその一般名で、英語の一般名のついていないものはラテン語の学名で記述されている。訳出にあたっては、原文と同じラテン語の学名に日本語の一般名がついているものはその日本語名を、日本語名のないものは英語名をカタカナで、どちらもないものは学名をカタカナで表記した。可能な限り正確を期したつもりだが、栽培種になるとさまざまに異なった名称がつけられているものもあり、新種も次々に現れているので植物名の訳語の選択は困難をきわめた。もし誤りがあれば、その責はすべて訳者である私が負うべきものである。
最後になったが、本書を翻訳する機会を与えてくださり、作業にあたっては多くの助言をくださった原書房の中村剛さん、オフィス・スズキの鈴木由紀子さんに心からお礼を申し上げる。

2021年6月

伊藤はるみ

写真ならびに図版への謝辞

図版の提供と掲載を許可してくれた以下の関係者にお礼を申し上げる。

The J. Paul Getty Museum, Los Angeles: pp. 10, 61, 189, 202, 209, 221; S. A. Harris: pp. 4, 9, 12, 18, 31, 36, 38, 42, 45, 51, 57, 64, 66, 71, 82, 83, 86, 90, 100, 101, 103, 107, 111, 113, 120, 135, 140, 153, 160, 162, 166, 167, 170, 184, 204, 210, 213, 214, 217, 224, 226, 235; The Metropolitan Museum of Art, New York: pp. 15, 94, 122, 129, 187, 194, 195, 222; Private Collection: pp. 14, 16, 19, 22, 24, 33, 37, 40, 44, 52, 54, 63, 72, 75, 77, 78, 81, 106, 118, 125, 127, 131, 134, 137, 148, 171, 174, 177, 180, 191, 221, 230, 232; REX Shutterstock: p. 182 (Tony Kyriacou); Sherardian Library of Plant Taxonomy, Oxford University Herbaria: pp. 7, 26, 30, 50, 87, 178, 199.

the Current Crisis (London, 2006)
Morton, A. G., *History of Botanical Science: An Account of the Development of Botany from Ancient Times to the Present Day* (London, 1981)
Nabhan, G. P., *Where Our Food Comes From: Retracing Nikolay Vavilov's Quest to End Famine* (Washington, DC, 2008)
Proctor, M., et al., *The Natural History of Pollination* (London, 1996)
Putt, E. D., 'Early History of Sunflower', in *Sunflower Technology and Production*, ed. A. A. Schneiter (Madison, WI, 1997)
Rieseberg, L. H., 'Hybrid Speciation in Wild Sunflowers', *Annals of the Missouri Botanical Garden*, XCIII (2006), pp. 34–48
Smith, B. D., 'The Domestication of *Helianthus annuus* L. (Sunflower)', *Vegetation History and Archaeobotany*, XXIII (2014), pp. 57–74
Sonnante, G., 'The Domestication of Artichoke and Cardoon: From Roman Times to the Genomic Age', *Annals of Botany*, C (2007), pp. 1095–100
Sorensen, P. D., 'The Dahlia: An Early History', *Arnoldia*, XXX (1970), pp. 121–38
Stace, C. A., et al., *Hybrid Flora of the British Isles* (Bristol, 2015)
———, and M. J. Crawley, *Alien Plants* (London, 2015)
Stewart, I., *Life's Other Secret: The New Mathematics of the Living World* (Chichester, 1998), pp. 121–36
Thomas, K., *Man and the Natural World: Changing Attitudes in England, 1500–1800* (London, 1983)
Vaughan, J. G., and C. A. Geissler, *The New Oxford Book of Food Plants* (Oxford, 1999)
Zohary, D., and M. Hopf, *Domestication of Plants in the Old World* (Oxford, 2000)

参考文献

Allen, D. E., and G. Hatfield, *Medicinal Plants in Folk Tradition: An Ethnobotany of Britain and Ireland* (Portland, OR, 2004)

Bell, A. D., and A. Bryan, *Plant Form: An Illustrated Guide to Flowering Plant Morphology* (Portland, OR, 2008)

Bonifacino, J. M., et al., 'A History of Research in Compositae: Early Beginnings to the Reading Meeting (1975)', in V. A. Funk et al., *Systematics, Evolution, and Biogeography of Compositae* (Vienna, 2009), pp. 3–38

Bremer, K., Asteraceae: *Cladistics and Classification* (Portland, OR, 1994)

Calabria, L. M., et al., 'Secondary Chemistry of Compositae', in Funk, *Systematics*, pp. 73–88

Conrad, B., *Absinthe: History in a Bottle* (San Francisco, CA, 1988)

Crosby, A. W., *The Columbian Exchange: Biological and Cultural Consequences of 1492* (Westport, CN, 2003)

Dajue, L., and H.-H. Mündel, *Safflower: Carthamus tinctorius L.* (Rome, 1996)

Dempewolf, H., et al., 'Crop Domestication in the Compositae: A Family-wide Trait Assessment', *Genetic Resources and Crop Evolution*, LV (2008), pp. 1141–57

Dunmire, W. M., *Gardens of New Spain: How Mediterranean Plants and Foods Changed America* (Austin, TX, 2004)

Fernández-Martínez, J. M., et al., 'Sunflower', in *Oil Crops: Handbook of Plant Breeding IV*, ed. J. Vollmann and I. Rajcan (Dordrecht, 2009), pp. 155–232

Frohne, D., and H. J. Pfänder, *Poisonous Plants: A Handbook for Doctors, Pharmacists, Toxicologists, Biologists and Veterinarians* (London, 2004)

Funk, V. A., et al., *Systematics, Evolution, and Biogeography of Compositae* (Vienna, 2009)

Goody, J., *The Culture of Flowers* (Cambridge, 1993)

Harlan, J. R., *Crops and Man* (Madison, WI, 1992)

Lüttge, U., *Physiological Ecology of Tropical Plants* (Berlin, 2008)

Mabey, R., *Flora Britannica: The Definitive New Guide to Wild Flowers, Plants and Trees* (London, 1996)

Mazoyer, M., and L. Roudart, *A History of World Agriculture from the Neolithic Age to*

本書でとりあげた植物の学名

アーティチョーク	*Cynara cardunculus* var. *scolymus* (subfamily Carduoideae)
アーティチョーク，エルサレム	*Helianthus tuberosus* (subfamily Asteroideae)
アイランドアスター	*Hesperomannia* spp. (subfamily Asteroideae)
アカネ	*Rubia tinctoria* (Rubiaceae)
アザミ	subfamily Carduoideae
アザミ，ウーリー	*Cirsium eriophorum* (subfamily Carduoideae)
アスター	*Aster* spp. *sensu lato* (subfamily Asteroideae)
アスター，チャイナ	*Callistephus chinensis* (subfamily Asteroideae)
アブラヤシ	*Elaeis guineensis* (Arecaceae)
アフリカキンセンカ	*Dimorphotheca sinuata* (subfamily Asteroideae)
アメリカギク	*Boltonia decurrens* (subfamily Asteroideae)
アルテミシア，一年草	*Artemisia annua* (subfamily Asteroideae)
アルニカ	*Arnica montana* (subfamily Asteroideae)
イチイ，タイヘイヨウ	*Taxus brevifolia* (Taxaceae)
イチゴ	*Fragaria* spp. (Rosaceae)
イネ	*Oryza sativa* (Poaceae)
ウィングペタル	*Heterosperma pinnatum* (subfamily Asteroideae)
ヴェローデ	*Kleinia neriifolia* (subfamily Asteroideae)
エイルコスト	*Tanacetum balsamita* (subfamily Asteroideae)
エーデルワイス	*Leontopodium nivale* ssp. *alpinum* (subfamily Asteroideae)
エキナセア	*Echinacea purpurea* (subfamily Asteroideae)
エキノプス	*Echinops* spp. (subfamily Carduoideae)
エンダイブ	*Cichorium* spp. (subfamily Cichorioideae)
オーク	*Quercus* spp. (Fagaceae)
オークリーフプラント，メキシカン	*Shinnersia rivularis* (subfamily Asteroideae)
オオハンゴンソウ	*Rudbeckia* spp. (subfamily Asteroideae)
オトンナ	*Othonna* spp. (subfamily Asteroideae)
オナモミ	*Xanthium* spp. (subfamily Asteroideae)

オランダセンニチ	*Acmella oleracea* (subfamily Asteroideae)
カーネーション	*Dianthus* spp. (Caryophyllaceae)
カーペット・バーウィード	*Soliva stolonifera* (subfamily Asteroideae)
ガーベラ	*Gerbera* spp. (subfamily Mutisioideae)
カモミール	*Chamaemelum nobile* (subfamily Asteroideae)
カモミール，イエロー	*Cota tinctoria* (subfamily Asteroideae)
カモミール，ジャーマン	*Matricaria recutita* (subfamily Asteroideae)
カルドン，栽培種	*Cynara cardunculus* var. *altilis* (subfamily Carduoideae)
カルドン，野生種	*Cynara cardunculus* var. *sylvestris* (subfamily Carduoideae)
キク	*Chrysanthemum* spp. (subfamily Asteroideae)
キニーネ	*Cinchona* spp. (Rubiaceae)
キバナモクセイソウ	*Reseda luteola* (Resedaceae)
キャッサバ	*Manihot esculenta* (Euphorbiaceae)
キャッツイアー	*Hypochaeris radicata* (subfamily Cichorioideae)
キャッツイアー，スムース	*Hypochaeris glabra* (subfamily Cichorioideae)
キャベツ	*Brassica oleracea* L. (Brassicaceae)
ギャランソルジャー	*Galinsoga parviflora* (subfamily Asteroideae)
キャンカーウィード	*Jacobaea vulgaris* (subfamily Asteroideae)
キャンファーウィード	*Heterotheca subaxillaris* ssp. *latifolia* (subfamily Asteroideae)
キャンファーブッシュ	*Tarchonanthus camphoratus* (subfamily Mutisioideae)
キューウィード	*Galinsoga parviflora* (subfamily Asteroideae)
キュウリ	*Cucumis* spp. (Cucurbitaceae)
キュウリ，トゲのある	*Echinocystis lobata* (Cucurbitaceae)
ギンケンソウ	*Argyroxiphium* spp. (subfamily Asteroideae)
グアコ	*Mikania glomerata* (subfamily Asteroideae)
グアユールゴムノキ	*Parthenium argentatum* (subfamily Asteroideae)
グッデニア	*Goodenia* spp. (Goodeniaceae)
クレイニア	*Kleinia* spp. (subfamily Asteroideae)
コーヒー	*Coffea arabica* (Rubiaceae)
コシカギク	*Matricaria discoidea* (subfamily Asteroideae)

コストメアリ	*Tanacetum balsamita* (subfamily Asteroideae)
コットンシスル	*Onopordum acanthium* (subfamily Carduoideae)
ゴボウ	*Arctium* spp. (subfamily Carduoideae)
ゴムノキ	*Hevea brasiliensis* (Euphorbiaceae)
ゴロツキソウ	*Jacobaea vulgaris* (subfamily Asteroideae)
コンパスプラント	*Silphium laciniatum* (subfamily Asteroideae)
サッカリー，イエロー	*Catananche lutea* (subfamily Cichorioideae)
サフラン	*Crocus sativus* (Iridaceae)
サフラン，ニセ	*Carthamus tinctorius* (subfamily Carduoideae)
サフラン，染物屋の	*Carthamus tinctorius* (subfamily Carduoideae)
サワギク，ウェールズ	*Senecio cambrensis* (subfamily Asteroideae)
サワギク，オックスフォード	*Senecio squalidus* (subfamily Asteroideae)
サワギク，コモン	*Jacobaea vulgaris* (subfamily Asteroideae)
シオザキソウ	*Tagetes minuta* (subfamily Asteroideae)
ジャガイモ	*Solanum tuberosum* (Solanaceae)
ジャガイモ，カナディアン	*Helianthus tuberosus* (subfamily Asteroideae)
ジャックは正午に寝床に入る	*Tragopogon pratensis* (subfamily Cichorioideae)
シュンギク	*Chrysanthemum coronarium* (subfamily Asteroideae)
女性のキャベツの木	*Lachanodes arborea* (subfamily Asteroideae)
シロイヌナズナ	*Arabidopsis thaliana* (Brassicaceae)
シロバナムシヨケギク	*Tanacetum cinerariifolium* (subfamily Asteroideae)
ステビア	*Stevia rebaudiana* (subfamily Asteroideae)
スノーロータス	*Saussurea laniceps* (subfamily Carduoideae)
セイヨウアブラナ	*Brassica napus* (Brassicaceae)
セイヨウノコギリソウ	*Achillea millefolium* (subfamily Asteroideae)
セネシオ	*Senecio* spp. sensu lato (subfamily Asteroideae)
センジュギク	*Tagetes erecta* (subfamily Asteroideae)
センダングサ	*Bidens* spp. (subfamily Asteroideae)
センダングサ，コスモスのような花の	*Bidens cosmoides* (subfamily Asteroideae)
センダングサ属	*Bidens* spp. (subfamily Asteroideae)
セントポールズワート	*Sigesbeckia orientalis* (subfamily Asteroideae)
ソーワート	*Saussurea* spp. (subfamily Carduoideae)
大豆	*Glycine max* (Fabaceae)

タムラソウ	*Serratula tinctoria* (subfamily Carduoideae)
タラゴン，フレンチ	*Artemisia dracunculus* (subfamily Asteroideae)
タラゴン，ロシアン	*Artemisia dracunculoides* (subfamily Asteroideae)
ダリア	*Dahlia* spp. (subfamily Asteroideae)
男性のキャベツの木	*Pladaroxylon leucadendron* (subfamily Asteroideae)
タンポポ	*Taraxacum* spp. (subfamily Cichorioideae)
タンポポ，ロシアン	*Taraxacum kok-saghyz* (subfamily Cichorioideae)
チコリ	*Cichorium intybus* (subfamily Cichorioideae)
チャボアザミ	*Carlina vulgaris* (subfamily Carduoideae)
デイジー，アフリカン	*Gerbera* spp. (subfamily Mutisioideae)
デイジー，キングフィッシャー	*Felicia bergeriana* (subfamily Asteroideae)
デイジー，コモン	*Bellis perennis* (subfamily Asteroideae)
デイジー，トランスバール	*Gerbera jamesonii* (subfamily Mutisioideae)
デイジー，ビートル	*Gorteria diffusa* (subfamily Cichorioideae)
デイジー，ミカエルマス	*Aster* spp. (subfamily Asteroideae)
デイジー，レイン	*Dimorphotheca pluvialis* (subfamily Asteroideae)
デイジーブッシュ，ニュージーランド	*Olearia* spp. (subfamily Asteroideae)
トゥブ	*Montanoa guatemalensis* (subfamily Asteroideae)
ドック	*Rumex* spp. (Polygonaceae)
ドック，プレーリー	*Silphium terebinthinaceum* (subfamily Asteroideae)
トラノオ	*Nassauvia serpens* (subfamily Mutisioideae)
ナツシロギク	*Tanacetum parthenium* (subfamily Asteroideae)
ナンバンコマツナハギ	*Koanophyllon tinctoria* (subfamily Asteroideae)
ニガーシード	*Guizotia abyssinica* (subfamily Asteroideae)
ニガヨモギ	*Artemisia absinthium* (subfamily Asteroideae)
ニチニチソウ	*Catharanthus roseus* (Apocynaceae)
寝小便草	*Taraxacum* spp. (subfamily Cichorioideae)
ノゲシ	*Sonchus* spp. (subfamily Cichorioideae)
ノゲシ，トゲのある	*Sonchus asper* (subfamily Cichorioideae)
ノゲシ，一般的な	*Sonchus oleraceus* (subfamily Cichorioideae)
ノコギリソウ	*Achillea* spp. (subfamily Asteroideae)
ノボロギク	*Senecio vulgaris* (subfamily Asteroideae)
ノボロギク，ジャイアント	*Dendrosenecio* spp. (subfamily Asteroideae)
ノボロギク，スティッキー	*Senecio viscosus* (subfamily Asteroideae)

ノボロギク，ヨーク	*Senecio eboracensis* (subfamily Asteroideae)
ノボロギク，放射状の	*Senecio vulgaris* ssp. *vulgaris* var. *hibernicus* (subfamily Asteroideae)
バッカリス	*Baccharis* spp. (subfamily Asteroideae)
ハハコグサ	*Gnaphalium* spp. (subfamily Asteroideae)
ハマシオン	*Aster tripolium* (subfamily Asteroideae)
バラ	*Rosa* spp. (Rosaceae)
ハルシャギク	*Coreopsis tinctoria* (subfamily Asteroideae)
ビターリーフ	*Vernonia amygdalina* (subfamily Cichorioideae)
ビトゥブッシュ	*Chrysanthemoides monilifera* (subfamily Asteroideae)
ヒマワリ	*Helianthus* spp. (subfamily Asteroideae)
ヒマワリ，ウエスタン	*Helianthus anomalus* (subfamily Asteroideae)
ヒマワリ，デザート	*Helianthus deserticola* (subfamily Asteroideae)
ヒマワリ，パラドクス	*Helianthus paradoxus* (subfamily Asteroideae)
ヒマワリ，プレーリー	*Helianthus petiolaris* (subfamily Asteroideae)
ヒマワリ，普通の	*Helianthus annuus* (subfamily Asteroideae)
ヒマワリ，偽の	*Phoebanthus* spp. (subfamily Asteroideae)
フェアリーズホース	*Jacobaea vulgaris* (subfamily Asteroideae)
フェリシア	*Felicia* spp. (subfamily Asteroideae)
フキ	*Petasites hybridus* (subfamily Carduoideae)
フキタンポポ	*Tussilago farfara* (subfamily Asteroideae)
ブタクサ	*Ambrosia* spp. (subfamily Asteroideae)
ブタクサ，バーバリー	*Hertia cheirifolia* (subfamily Asteroideae)
フタマタタンポポ	*Crepis biennis* (subfamily Cichorioideae)
フライフラワー	*Jacobaea vulgaris* (subfamily Asteroideae)
フライレホン	subtribe Espeletiinae (subfamily Asteroideae)
ふらつき草	*Jacobaea vulgaris* (subfamily Asteroideae)
フランスギク	*Leucanthemum vulgare* (subfamily Asteroideae)
ブリストリーオックスタン	*Helminthotheca echioides* (subfamily Asteroideae)
ベニバナ	*Carthamus tinctorius* (subfamily Carduoideae)
ベラドンナ	*Atropa belladonna* (Solanaceae)
ホークウィード	*Hieracium* spp. (subfamily Cichorioideae)
ホークウィード，ウォール	*Hieracium murorum* (subfamily Cichorioideae)

ホークビット	*Leontodon* spp. (subfamily Cichorioideae)
ホークビット，オータム	*Scorzoneroides autumnalis* (subfamily Cichorioideae)
ホソバタイセイ	*Isatis tinctoria* (Brassicaceae)
ホタルブクロ	*Campanula* spp. (Campanulaceae)
ホップ	*Humulus lupulus* (Cannabaceae)
ポピー	*Papaver rhoeas* (Papaveraceae)
マーガレット	*Argyranthemum frutescens* (subfamily Asteroideae)
マーシュエルダー	*Iva* spp. (subfamily Asteroideae)
マーシュエルダー，一年草	*Iva annua* (subfamily Asteroideae)
マリアアザミ	*Centaurea benedicta* (subfamily Carduoideae)
マリーゴールド	*Calendula* spp. (subfamily Asteroideae)
マリーゴールド，コーン	*Glebionis segetum* (subfamily Asteroideae)
マリーゴールド，コモン	*Calendula officinalis* (subfamily Asteroideae)
マンジュギク	*Tagetes patula* (subfamily Asteroideae)
ミツガシワ	*Menyanthes* spp. (Menyanthaceae)
ミルクアザミ	*Centaurea benedicta* (subfamily Carduoideae)
ミルクシスル，パープル	*Galactites tomentosa* (subfamily Carduoideae)
ミルクシスル，ブレスト	*Silybum marianum* (subfamily Carduoideae)
ムギワラギク	*Helichrysum* spp. (subfamily Asteroideae)
ムギワラギク，ケープ	*Syncarpha vestita* (subfamily Asteroideae)
ムラサキバレンギク	*Echinacea pallida* (subfamily Asteroideae)
メアファート	*Jacobaea vulgaris* (subfamily Asteroideae)
ヤーコン	*Smallanthus sonchifolius* (subfamily Asteroideae)
ヤグルマギク	*Centaurea cyanus* (subfamily Carduoideae)
ヤグルマギク	*Centaurea* spp. (subfamily Carduoideae)
ヤナギタンポポ	*Hieracium umbellatum* (subfamily Cichorioideae)
ユリアザミ	*Eupatorium* spp. (subfamily Asteroideae)
ヨモギ	*Artemisia vulgaris* (subfamily Asteroideae)
ヨモギ	*Artemisia* spp. (subfamily Asteroideae)
ヨモギギク	*Tanacetum vulgare* (subfamily Asteroideae)
リアトリス	*Liatris* spp. (subfamily Asteroideae)
リアトリス，うろこ状の	*Liatris squarrosa* (subfamily Asteroideae)
リグラリア	*Ligularia* spp. (subfamily Asteroideae)

リンドウ	*Gentiana* spp.（Gentianaceae）
レタス，ビター	*Lactuca virosa*（subfamily Cichorioideae）
レタス，栽培種	*Lactuca sativa*（subfamily Cichorioideae）
レタス，野生種	*Lactuca virosa*（subfamily Cichorioideae）
レディーズマントル	*Alchemilla* spp.（Rosaceae）
レパーズベイン，グレイト	*Doronicum pardalianches*（subfamily Asteroideae）
ワタスギギク	*Santolina chamaecyparissus*（subfamily Asteroideae）

注

第1章　驚くべき植物

1　*Memoirs of the Torrey Botanical Club*, XXII (1969), pp. 1-218より. C. B. Heiser et al., 'The North American Sunflowers (*Helianthus*)' に引用されていたもの。

2　J. Gerarde, *The Herball or Generall Historie of Plantes* (London, 1597), pp. 612-14.

3　BBC News, On this Day, 11 November 1987, http://news.bbc.co.uk (accessed 1 May 2016).

4　Dutch Safety Board, Investigation Crash MH17, 17 July 2014, Donetsk, www.onderzoeksraad.nl (accessed 1 April 2016).

5　S. Knapton, 'Micro-gravity Gardening: First Flower Blooms in Space', *The Telegraph*, 18 January 2016, www.telegraph.co.uk.

6　Gerarde, *The Herball*, p. 612.

7　Many excellent time-lapse clips of germinating sunflower seeds and of opening sunflower inflorescences (and other Asteraceae) are available online.

8　Wilhelm Pfeffer, *Studies of Plant Movement, 1898-1900*, Kinetoscope Archives, www.dailymotion.com (accessed 1 April 2016).

9　C. Darwin, *The Power of Movement in Plants* (London, 1880). [ダーウィン『植物の運動力』渡辺仁訳／森北出版／ 1987年]

10　D. Israelsson and A. Johnsson, 'A Theory for Circumnutations in *Helianthus annuus*', *Physiologia Plantarum*, XX (1967), pp. 957-76.

11　本文中では可能な限り植物名を一般名で記し，付録に学名を記した。

12　A. Johnsson et al., 'Gravity Amplifies and Microgravity Decreases Circumnutations in *Arabidopsis thaliana* Stems: Results from a Space Experiment', *New Phytologist*, CLXXXII (2009), pp. 621-9.

13　Gerarde, *The Herball*, p. 613.

14　P. D. Hurd et al., 'Principal Sunflower Bees of North America with Emphasis on the Southwestern United States (Hymenoptera: Apoidea)', *Smithsonian Contributions to Zoology*, CCCX (1980), pp. 1-158; R. L. Minckley et al., 'Behavior and Phenology of a Specialist Bee (*Dieunomia*) and Sunflower (*Helianthus*) Pollen Availability', *Ecology*, LXXV (1994), pp. 1406-19.

15 L. H. Rieseberg, 'Hybrid Speciation in Wild Sunflowers', *Annals of the Missouri Botanical Garden*, XCIII (2006), pp. 34-48.

16 H. M. Alexander and A. M. Schrag, 'Role of Soil Seed Banks and Newly Dispersed Seeds in Population Dynamics of the Annual Sunflower, *Helianthus annuus*', *Journal of Ecology*, XCI (2003), pp. 987-98.

第2章 キク科植物のいろいろ

1 W. H. Baxter, 'Vegetation of the Paramos of New Grenada', *The Garden*, XI (1877), p. 408.

2 W. Baxter, 'Botanical Excursions in 1812', unpublished manuscript (Druce Archive 37.1, Sherardian Library of Plant Taxonomy, Oxford).

3 J.E.M. Watson et al., 'Catastrophic Declines in Wilderness Areas Undermine Global Environment Targets', *Current Biology*, XXVI (2016), pp. 1-6.

4 J. Ruel, *De Natura Stirpium Libri Tres* (Basle, 1536); G. Hardy and L. Totelin, *Ancient Botany* (London, 2016).

5 J. M. Bonifacino et al., 'A History of Research in Compositae: Early Beginnings to the Reading Meeting (1975)', in V. A. Funk et al., *Systematics, Evolution, and Biogeography of Compositae* (Vienna, 2009), pp. 3-38.

6 B. Thiers, *Index Herbariorum: A Global Directory of Public Herbaria and Associated Staff. New York Botanical Garden's Virtual Herbarium*, http://sweetgum.nybg.org (accessed 10 May 2016).

7 Z. A. Goodwin et al., 'Widespread Mistaken Identity in Tropical Plant Collections', *Current Biology*, XXV (2015), pp. 1066-7; D. P. Bebber et al., 'Herbaria Are a Major Frontier for Species Discovery', *Proceedings of the National Academy of Sciences USA*, CVII (2010), pp. 22169-71.

8 Goodwin, 'Widespread Mistaken Identity'.

9 C. E. Raven, *John Ray: Naturalist, His Life and Works* (Cambridge, 1950).

10 P. H. Oswald and C. D. Preston, *John Ray's Cambridge Catalogue (1660)* (London, 2011).

11 Bonifacino, 'A History of Research in Compositae', p. 5.

12 B. B. Fontenelle, 'Eloge de M. de Tournefort', *Histoire de l'Academie Royale des Sciences*, MMMCDLXXXIV (1708), pp. 143-54 (翻訳は著者).

13 H. W. Lack with D. J. Mabberley, *The Flora Graeca Story: Sibthorp, Bauer, and Hawkins in the Levant* (Oxford, 1999).

14 G. Gardner, *Travels in the Interior of Brazil, Principally Through the Northern Provinces, and the Gold and Diamond Districts, During the Years 1836-1841* (London, 1849).

15 D.J.N. Hind, 'Determinations of George Gardner's Compositae from Brazil' (London, 2012), www.kew.org. で参照可能。

16 W. Dean, *Brazil and the Struggle for Rubber: A Study in Environmental History* (Cambridge, 1987).

17 D. F. Robinson, *Confronting Biopiracy: Challenges, Cases and International Debates* (London, 2012).

18 B. W. Ogilvie, *The Science of Describing: Natural History in Renaissance Europe* (Chicago, IL 2006).

19 S. A. Harris, 'Introduction of Oxford Ragwort, *Senecio squalidus* L. (Asteraceae), to the United Kingdom', *Watsonia*, XXIV (2002), pp. 31-43.

20 K. Thomas, *Man and the Natural World: Changing Attitudes in England, 1500-1800* (London, 1983).

21 U. Eliasson, 'Studies in Galapagos Plants. VIV. The Genus *Scalesia* Arn.', *Opera Botanica*, XXXVI (1974), pp. 1-117.

22 H. J. Noltie, 'The Generic Name *Scalesia* (Compositae) - An Etymological Blunder', *Archives of Natural History*, XXXIX (2012), pp. 167-9.

23 K. Bremer, *Asteraceae: Cladistics and Classification* (Portland, OR, 1994).

24 D. S. Soltis et al., *Phylogeny and Evolution of Angiosperms* (Sunderland, MA, 2005), pp. 224-5.

25 A. G. Morton, *History of Botanical Science: An Account of the Development of Botany from Ancient Times to the Present Day* (London, 1981); V. Žarsky and J. Tupy, 'A Missed Anniversary: 300 Years after Rudolf Jacob Camerarius' "De Sexu Plantarum Epistola"', *Sexual Plant Reproduction*, VIII (1995), pp. 375-6.

26 Bonifacino, 'A History of Research in Compositae', pp. 3-38.

27 R. M. King and H. Dawson, *Cassini on Compositae* (New York, 1975).

28 T. E. Wood, 'The Frequency of Polyploid Speciation in Vascular Plants', *Proceedings of the National Academy of Sciences USA*, CVI (2009), pp. 13875-9.

29 Funk, *Systematics*.

30 R. K. Jansen and J. D. Palmer, 'A Chloroplast DNA Inversion Marks an Ancient Evolutionary Split in the Sunflower Family (Asteraceae)', *Proceedings of the National Academy of Sciences USA*, LXXXIV (1987), pp. 5818-22.

31 V. D. Barreda et al., 'Eocene Patagonia Fossils of the Daisy Family', *Science*, CCCXXIX (2010), p. 1621.
32 V. D. Barreda et al., 'Early Evolution of the Angiosperm Clade Asteraceae in the Cretaceous of Antarctica', *Proceedings of the National Academy of Sciences USA*, CXII (2015), pp. 10989-94.
33 B. G. Baldwin, 'Heliantheae Alliance', in Funk, *Systematics*, pp. 689-711.
34 E. E. Schilling et al., 'Phylogenetic Relationships in *Helianthus* (Asteraceae) Based on Nuclear Ribosomal DNA Internal Transcribed Spacer Region Sequence Data', *Systematic Botany*, XXIII (1998), pp. 177-87.
35 C. B. Heiser et al., 'The North American Sunflowers (*Helianthus*)', *Memoirs of the Torrey Botanical Club*, XXII (1969), pp. 1-218.
36 C. A. Stace et al., *Hybrid Flora of the British Isles* (Bristol, 2015).
37 R. J. Abbott and A. J. Lowe, 'Origins, Establishment and Evolution of New Polyploid Species: *Senecio cambrensis* and *S. eboracensis* in the British Isles', *Biological Journal of the Linnean Society*, LXXXII (2004), pp. 467-74; R. J. Abbott and D. G. Forbes, 'Extinction of the Edinburgh Lineage of the Allopolyploid Neospecies, *Senecio cambrensis* Rosser (Asteraceae)', *Heredity*, LXXXVIII (2002), pp. 267-9.
38 A. J. Lowe and R. J. Abbott, 'Routes of Origin of Two Recently Evolved Hybrid Taxa: *Senecio vulgaris* var. *hibernicus* and York Radiate Groundsel (Asteraceae)', *American Journal of Botany*, LXXXVII (2000), pp. 1159-67.
39 同上
40 J. E. Lousley, 'A New Hybrid *Senecio* from the London Area', *Botanical Exchange Club Report*, XII (1946), pp. 869-74.
41 L. H. Rieseberg, 'Hybrid Speciation in Wild Sunflowers', *Annals of the Missouri Botanical Garden*, XCIII (2006), pp. 34-48.
42 J. K. James and R. J. Abbott, 'Recent, Allopatric, Homoploid Hybrid Speciation: The Origin of *Senecio Squalidus* (Asteraceae) in the British Isles from a Hybrid Zone on Mount Etna, Sicily', *Evolution*, LIX (2005), pp. 2533-47.

第3章　環境への適応

1 E.A.N. Arber, *Plant Life in Alpine Switzerland: Being an Account in Simple Language of the Natural History of Alpine Plants* (London, 1910), pp. 15-17.
2 S. Carlquist, *Island Biology* (New York, 1974).

3 Q.C.B. Cronk, *The Endemic Flora of St Helena* (Oswestry, 1995).

4 S. C. Kim et al., 'A Common Origin for Woody *Sonchus* and Five Related Genera in the Macaronesian Islands: Molecular Evidence for Extensive Radiation', *Proceedings of the National Academy of Sciences USA*, XCIII (1996), pp. 7743-8.

5 F. Lens et al., 'Insular Woodiness on the Canary Islands: A Remarkable Case Study of Parallel Evolution', *International Journal of Plant Sciences*, CLXXIV (2013), pp. 992-1013.

6 A. von Humboldt and A. Bonpland, *Essay on the Geography of Plants* (Chicago, IL 2009).

7 R. Spruce, *Notes of a Botanist on the Amazon and Andes, Being Records of Travel on the Amazon and Its Tributaries . . . During the Years 1849-1864* (London, 1908), p. 288.

8 J. Small, 'The Origin and Development of the Compositae', *New Phytologist*, XVIII (1919), p. 142.

9 J. Nakajima et al., 'Asteraceae: Lista de Especies da Flora do Brasil', www.floradobrasil.jbrj.gov.br (2016年6月11日アクセス).

10 A. Shmida, 'Biogeography of the Desert Flora', in *Ecosystems of the World*, ed. M. Evenari et al., vol. XIIA (Amsterdam, 1985), pp. 23-77.

11 W. J. Burchell, *Travels in the Interior of Southern Africa*, vol. I (London, 1822), p. 284.

12 C. Raunkiar, *The Life Forms of Plants and Statistical Plant Geography, Being the Collected Papers of C. Raunkiar* (Oxford, 1934).

13 A. Erhardt, 'Pollination of the Edelweiss, *Leontopodium alpinum*', *Botanical Journal of the Linnean Society*, CXI (1993), pp. 229-40.

14 B. G. Gardiner, 'Linnaeus's Floral Clock', *The Linnean*, III (1987), pp. 26-9.

15 C. Linnaeus, *Philisophia Botanica* (Stockholm, 1751), pp. 274-5.

16 M. Proctor et al., *The Natural History of Pollination* (London, 1996).

17 A. G. Ellis and S. D. Johnson, 'Floral Mimicry Enhances Pollen Export: The Evolution of Pollination by Sexual Deceit Outside of the Orchidaceae', *American Naturalist*, CLXXVI (2010), pp. 143-51; S. Johnson and J. Midgley, 'Fly Pollination of *Gorteria diffusa* (Asteraceae), and a Possible Mimetic Function for Dark Spots on the Capitulum', *American Journal of Botany*, LXXXIV (1997), pp. 429-36.

18 S. Vogel, 'Vertebrate Pollination in Compositae: Floral Syndromes and Field Observations', *Stapfia*, CIII (2015), pp. 5-26.

19 P. E. Berry and R. N. Calvo, 'Wind Pollination, Self-incompatibility, and Altitudinal Shifts in Pollination Systems in the High Andean Genus *Espeletia* (Asteraceae)', *American Journal of Botany*, LXXVI (1989), pp. 1602-14.

20 P. J. van Dijk et al., 'An Apomixis-gene's View on Dandelions', in *Lost Sex: The Evolutionary Biology of Parthenogenesis*, ed. I. Schon et al. (Berlin, 2009), pp. 475-95.

21 J. C. Sheldon and F. M. Burrows, 'The Dispersal Effectiveness of the Achene-pappus Units of Selected Compositae in Steady Winds with Convection', *New Phytologist*, LXXII (1973), pp. 665-75; V. Casseau et al., 'Morphologic and Aerodynamic Considerations Regarding the Plumed Seeds of *Tragopogon pratensis* and Their Implications for Seed Dispersal', *PLOS One*, X (2015), p. e0125040.

22 K. Faegri and L. van der Pilj, *The Principles of Pollination Ecology* (Oxford, 1979).

23 M. Smith and T. M. Keevin, 'Achene Morphology, Production and Germination, and Potential for Water Dispersal in *Boltonia decurrens* (Decurrent False Aster), a Threatened Floodplain Species', *Rhodora*, CDI (1998), pp. 69-81.

24 C. A. Backer, *The Problem of Krakatoa as Seen by a Botanist* (Sourabaya, Java, 1929).

25 F. R. Ganders et al., 'Its Base Sequence Phylogeny in *Bidens* (Asteraceae): Evidence for the Continental Relatives of Hawaiian and Marquesan *Bidens*', *Systematic Botany*, XXV (2000), pp. 122-33; M. L. Knope et al., 'Area and the Rapid Radiation of Hawaiian *Bidens* (Asteraceae)', *Journal of Biogeography*, XXXIX (2012), pp. 1206-16; S. Carlquist, 'The Biota of Long-distance Dispersal. III: Loss of Dispersibility in the Hawaiian Flora', *Brittonia*, XVIII (1966), pp. 310-35.

26 M. L. Cody and J. M. Overton, 'Short-term Evolution of Reduced Dispersal in Island Plant Populations', *Journal of Ecology*, LXXXIV (1996), pp. 53-61.

27 C. Martorell and M. Martinez-Lopez, 'Informed Dispersal in Plants: *Heterosperma pinnatum* (Asteraceae) Adjusts Its Dispersal Mode to Escape from Competition and Water Stress', *Oikos*, CXXIII (2014), pp. 225-31.

28 D. L. Venable and D. A. Levin, 'Ecology of Achene Dimorphism in *Heterotheca latifolia*. i: Achene Structure, Germination and Dispersal', *Journal of Ecology*,

LXXIII (1985), pp. 133-45.
29 E. Imbert and O. Ronce, 'Phenotypic Plasticity for Dispersal Ability in the Seed Heteromorphic *Crepis sancta* (Asteraceae)', *Oikos*, XCIII (2001), pp. 126-34; P. B. McEvoy and C. S. Cox, 'Wind Dispersal Distances in Dimorphic Achenes of Ragwort, *Senecio jacobaea*', *Ecology*, LXVIII (1987), pp. 2006-15.
30 E. Ruiz de Clavijo and M. J. Jimenez, 'The Influence of Achene Type and Plant Density on Growth and Biomass Allocation in the Heterocarpic Annual *Catanache lutea* (Asteraceae)', *International Journal of Plant Sciences*, CLIX (1998), pp. 637-47.
31 O. Hedberg, 'Features of Afroalpine Plant Ecology', *Acta Phytogeographica Suecica*, XLIX (1964), pp. 1-14.
32 F. A. Squeo et al., 'Freezing Tolerance and Avoidance in High Tropical Andean Plants: Is It Equally Represented in Species with Different Plant Height?', *Oecologia*, LXXXVI (1991), pp. 378-82; U. Luttge, *Physiological Ecology of Tropical Plants* (Berlin, 1997), pp. 321-47.
33 J. P. Vigneron et al., 'Optical Structure and Function of the White Filamentary Hair Covering the Edelweiss Bracts', *Physical Review*, E.71, (2005), p. 011906.
34 E. Beck et al., 'Estimation of Leaf and Stem Growth of Unbranched *Senecio keniodendron* Trees', *Flora*, CLXX (1980), pp. 68-76.
35 M. Acosta-Solis, *Los Paramos Andinos del Ecuador* (Quito, 1984).
36 P. J. Melcher, 'Determinants of Thermal Balance in the Hawaiian Giant Rosette Plant, *Argyroxiphium sandwicense*', *Oecologia*, XCVIII (1994), pp. 412-18.
37 Y. Yang and H. Sun, 'The Bracts of *Saussurea velutina* (Asteraceae) Protect Inflorescences from Fluctuating Weather at High Elevations of the Hengduan Mountains, Southwestern China', *Arctic, Antarctic, and Alpine Research*, XLI (2009), pp. 515-21.
38 Y. Yang et al., 'The Ecological Significance of Pubescence in *Saussurea medusa*, a High-elevation Himalayan "Woolly Plant"', *Arctic, Antarctic, and Alpine Research*, XL (2008), pp. 250-55.
39 W. Law and J. Salick, 'Human-induced Dwarfing of Himalayan Snow Lotus, *Saussurea laniceps* (Asteraceae)', *Proceedings of the National Academy of Sciences USA*, CII (2005), pp. 10218-20.
40 S. Hales, *Vegetable Staticks* (London, 1727).
41 Lüttge, *Physiological Ecology*, pp. 251-320.

42 G. Goldstein et al., 'The Role of Capacitance in the Water Balance of Andean Giant Rosette Species', *Plant, Cell and Environment*, VII (1983), pp. 179-86.
43 R. M. Cowling et al., 'Namaqualand, South Africa - An Overview of a Unique Winter-rainfall Desert Ecosystem', *Plant Ecology*, CXLII (1999), pp. 3-21.
44 M. W. van Rooyen, 'Functional Aspects of Short-lived Plants', in *The Karoo: Ecological Patterns and Processes*, ed. W.R.J. Dean and S. J. Milton (Cambridge, 1999), pp. 107-22.
45 A. D. McKown et al., 'Phylogeny of *Flaveria* (Asteraceae) and Inference of C_4 Photosynthesis Evolution', *American Journal of Botany*, XCII (2005), pp. 1911-28.
46 R. F. Sage, 'The Evolution of C_4 Photosynthesis', *New Phytologist*, CLXI (2004), pp. 341-70.
47 K. Winter et al., 'Crassulacean Acid Metabolism: A Continuous or Discrete Trait?', *New Phytologist*, CCVIII (2015), pp. 73-8.
48 J. Goudsblom, 'The Domestication of Fire as a Civilizing Process', *Theory, Culture, Society*, IV (1987), pp. 457-76.
49 S. J. Pyne, *Fire: Nature and Culture* (London, 2012).
50 N.A.C. Brown, 'Seed Germination in the Fynbos Fire Ephemeral, *Syncarpha vestita* (L) B. Nord. Is Promoted by Smoke, Aqueous Extracts of Smoke and Charred Wood Derived from Burning the Ericoid-leaved Shrub, *Passerina vulgaris* Thoday', *International Journal of Wildland Fire*, III (1993), pp. 203-6.
51 J. Klimešova and L. Klimeš, 'Bud Banks and Their Role in Vegetative Regeneration: A Literature Review and Proposal for Simple Classification and Assessment', *Perspectives in Plant Ecology, Evolution, and Systematics*, VIII (2007), pp. 115-29.
52 B. Appezzato-da-Gloria et al., 'Underground Systems of Asteraceae Species from the Brazilian Cerrado', *Journal of the Torrey Botanical Society*, CXXXV (2008), pp. 103-13.
53 Ibid.; E. O. Joaquim et al., 'Inulin Contents and Tissue Distribution in Underground Storage Organs of Asteraceae Species from the Brazilian Rocky Fields', *Botany*, XCII (2014), pp. 827-36.

第4章　薬用植物としての一面

1 E. Trinkaus, *The Shanidar Neanderthals* (New York, 1983).
2 R. S. Solecki, 'Shanidar IV, a Neanderthal Flower Burial in Northern Iraq',

Science, CXC (1975), pp. 880-81; A. Leroi-Gourhan, 'The Flowers Found with Shanidar IV, a Neanderthal Burial in Iraq', *Science*, CXC (1975), pp. 562-4; J. Lietava, 'Medicinal Plants in a Middle Paleolithic Grave Shanidar IV?', *Journal of Ethnopharmacology*, XXXV (1992), pp. 263-6; J. D. Sommer, 'The Shanidar IV "Flower Burial": A Re-evaluation of Neanderthal Burial Ritual', *Cambridge Archaeological Journal*, IX (1999), pp. 127-9; D. Nadel et al., 'Earliest Floral Grave Lining from 13,700-11,700-y-old Natufian Burials at Raqefet Cave, Mt. Carmel, Israel', *Proceedings of the National Academy of Sciences USA*, CX (2013), pp. 11774-8.

3 L. M. Calabria et al., 'Secondary Chemistry of Compositae', in V. A. Funk et al., *Systematics, Evolution, and Biogeography of Compositae* (Vienna, 2009), pp. 73-88.

4 B. Ebbell, *The Papyrus Ebers: The Greatest Egyptian Medical Document* (London, 1937).

5 M. A. Ibrahima et al., 'Significance of Endangered and Threatened Plant Natural Products in the Control of Human Disease', *Proceedings of the National Academy of Sciences USA*, CX (2013), pp. 16832-7.

6 J. Goodman and V. Walsh, *The Story of Taxol: Nature and Politics in the Pursuit of an Anti-cancer Drug* (Cambridge, 2006).

7 M. A. Huffman, 'Self-medicative Behavior in the African Great Apes: An Evolutionary Perspective into the Origins of Human Traditional Medicine', *BioScience*, LI (2001), pp. 651-61; A. G. Morton, *History of Botanical Science: An Account of the Development of Botany from Ancient Times to the Present Day* (London, 1980).

8 R. W. Wrangham and T. Nishida, '*Aspilia* spp. Leaves: A Puzzle in the Feeding Behaviour of Wild Chimpanzees', *Primates*, XXIV (1983), pp. 276-82.

9 M. A. Huffman, 'Animal Self-medication and Ethno-medicine: Exploration and Exploitation of the Medicinal Properties of Plants', *Proceedings of the Nutrition Society*, LXII (2003), pp. 371-81; N. J. Toyang and R. Verpoorte, 'A Review of the Medicinal Potentials of Plants of the Genus *Vernonia* (Asteraceae)', *Journal of Ethnopharmacology*, CXLVI (2013), pp. 681-723.

10 Morton, *History of Botanical Science*.

11 M. Collins, *Medieval Herbals: The Illustrative Traditions* (London, 2000).

12 Morton, *History of Botanical Science*; D. C. Lindberg, *The Beginnings of Western Science: The European Scientific Tradition in Philosophical, Religious, and Institutional Context, Prehistory to AD 1450* (Chicago, IL 2007), chap. 13.

13 A. Arber, *Herbals, Their Origin and Evolution: A Chapter in the History of Botany* (Cambridge, 1986).

14 T. Brasbridge, *The Poore Mans Iewell, That Is to Say, a Treatise of the Pestilence . . .* (London, 1578), pp. 36-49.

15 M. Grieve, *A Modern Herbal* (London, 1979).

16 S.-Y. Hu, *An Enumeration of Chinese Materia Medica* (Hong Kong, 1980).

17 S.W.F. Holloway, *Royal Pharmaceutical Society of Great Britain, 1841-1991: A Political and Social History* (London, 1991).

18 World Health Organization, *WHO Traditional Medicine Strategy, 2002-2005* (Geneva, 2002).

19 R. N. Bennet and R. M. Wallsgrove, 'Secondary Metabolism in Plant Defense-mechanisms', *New Phytologist*, CXXVII (1994), pp. 617-33; J. B. Harborne, 'The Comparative Biochemistry of Phytoalexin Induction in Plants', *Biochemical Systematics and Ecology*, XXVII (1999), pp. 335-67; T. Mitchell-Olds, 'Chemical Ecology in the Molecular Era', *Trends in Plant Sciences*, III (1998), pp. 362-5.

20 D. Frohne and H. J. Pfander, *Poisonous Plants: A Handbook for Doctors, Pharmacists, Toxicologists, Biologists and Veterinarians* (London, 2004).

21 W. G. Whaley and J. S. Bowen, *Russian Dandelion (kok-saghyz): An Emergency Source of Natural Rubber* (Washington, DC, 1947).

22 D. T. Ray et al., 'Breeding Guayule for Commercial Production', *Industrial Crops and Products*, XXII (2004), pp. 15-25.

23 M. Grdiša et al., 'Genetic Diversity and Structure of Dalmatian Pyrethrum (*Tanacetum cinerariifolium* Trevir./Sch./Bip., [sic] Asteraceae) within the Balkan Refugium', *PLOS One*, IX (2014), p. e105265.

24 J. E. Arriagada, 'Ethnobotany of *Clibadium* L. (Compositae, Heliantheae) in Latin America', *Economic Botany*, XLIX (1995), pp. 328-30.

25 A.-F.M. Rizk, 'The Pyrrolizidine Alkaloids: Plant Sources and Properties', in *Naturally Occurring Pyrrolizidine Alkaloids*, ed. A.-F.M. Rizk (Boca Raton, f l, 1991), pp. 1-89; A. R. Mattocks, *Chemistry and Toxicology of Pyrrolizidine Alkaloids* (London, 1986).

26 S. Anke et al., 'Polyphyletic Origin of Pyrrolizidine Alkaloids within the Asteraceae: Evidence from Differential Tissue Expression of Homospermidine Synthase', *Plant Physiology*, CXXXVI (2004), pp. 4037-47.

27 J. P. Dempster, 'The Population Ecology of the Cinnabar Moth, *Tyria jacobaeae* L.

(Lepidoptera, Arctiidae)', *Oecologia*, VII (1982), pp. 26-67.

28 J. F. Tooker et al., 'Altered Host Plant Volatiles Are Proxies for Sex Pheromones in the Gall Wasp *Antistrophus rufus*', *Proceedings of the National Academy of Sciences USA*, XCIX (2002), pp. 15486-91.

29 V. Sharma and I. N. Sarkar, 'Leveraging Biodiversity Knowledge for Potential Phytotherapeutic Applications', *Journal of the American Medical Informatics Association*, XX (2013), pp. 668-79.

30 D. E. Allen and G. Hatfield, *Medicinal Plants in Folk Tradition: An Ethnobotany of Britain and Ireland* (Portland, OR, 2004); H. D. Neuwinger, *African Ethnobotany: Poisons and Drugs: Chemistry, Pharmacology, Toxicology* (London, 1996); D. E. Moerman, *Native American Ethnobotany* (Portland, OR, 1998); R. E. Schultes and R. F. Raffauf, *The Healing Forest: Medicinal and Toxic Plants of the Northwest Amazonia* (Portland, OR, 1990); M. Heinrich et al., 'Ethnopharmacology of Mexican Asteraceae (Compositae)', *Annual Review of Pharmacology and Toxicology*, XXXVIII (1998), pp. 539-65; P. A. Cox, 'Polynesian Herbal Medicine', in *Islands, Plants, and Polynesians: An Introduction to Polynesian Ethnobotany*, ed. P. A. Cox and A. Banack (Portland, OR, 1991), pp. 147-68.

31 R. J. Huxtable, 'The Myth of Beneficent Nature: The Risks of Herbal Preparations', *Annals of Internal Medicine*, CXVII (1992), pp. 165-6.

32 R. Turner, *βοτανολογια The British Physician: Or, the Nature and Vertues of English Plants* (London, 1687).

33 T. Bright, *A Treatise: Wherein Is Declared the Sufficiencie of English Medicines, for Cure of All Diseases, Cured with Medicine* (London, 1580). Local plants were particularly good for curing the diseases of a country's poor; see, for example, P. Dubé, *The Poor Man's Physician and Surgeon: Shewing the True Method of Curing All Sorts of Distempers . . .*, 8th edn (London, 1704).

34 B. D. Jackson, 'A Draft of a Letter by John Gerard', *Cambridge Antiquarian Communications*, IV (1881), pp. 1876-80.

35 T. Holm, 'Joan Baptista Porta', *American Naturalist*, LII (1918), pp. 455-61.

36 N. Culpeper, *The English Physician Enlarged* (London, 1656).

37 N. Culpeper, *A Physicall Directory of a Translation of the London Dispensatory* (London, 1649).

38 N. Culpeper, *The English Physician Enlarged* (London, 1666), p. 265.

39 同上, p. 267.

40 W. Coles, *The Art of Simpling: An Introduction to the Knowledge and Gathering of Plants* (London, 1656).

41 Y. Tu, 'The Discovery of Artemisinin (Qinghaosu) and Gifts from Chinese Medicine', *Nature Medicine*, XVII (2011), pp. 1217-20; E. Hsu, 'Qing Hao (Herba Artemisiae Annuae) in the Chinese *Materia Medica*', in *Plants, Health and Healing: On the Interface of Ethnobotany and Medical Anthropology*, ed. E. Hsu and S. A. Harris (Oxford, 2010), pp. 83-130.

42 C. H. Saslis-Lagoudakisa et al., 'Phylogenies Reveal Predictive Power of Traditional Medicine in Bioprospecting', *Proceedings of the National Academy of Sciences USA*, CIX (2012), pp. 15835-40; F. Zhu et al., 'Clustered Patterns of Species Origins of Nature-derived Drugs and Clues for Future Bioprospecting', *Proceedings of the National Academy of Sciences USA*, CVIII (2011), pp. 12943-8.

43 PhRMA, *Biopharmaceutical Research and Development: The Process Behind New Medicines* (Washington, DC, 2015).

44 D. F. Robinson, *Confronting Biopiracy: Challenges, Cases and International Debates* (London, 2012).

45 B. Sibbald and M. Roland, 'Understanding Controlled Trials: Why Are Randomised Controlled Trials Important?', *British Medical Journal*, CCCXVI (1998), p. 201.

46 M. Heinrich et al., *Fundamentals of Pharmacognosy and Phytotherapy* (London, 2004); J. G. Evans, 'East Goes West: *Ginkgo biloba* and Dementia', in Hsu and Harris, *Plants, Health and Healing*, pp. 229-61.

47 B. Barrett, 'Medicinal Properties of *Echinacea*: A Critical Review', *Phytomedicine*, X (2003), pp. 66-86.

48 J. Le Coz and G. Ducombs, 'Plants and Plant Products', in *Contact Dermatitis*, ed. P. J. Frosch et al. (Berlin, 2006), pp. 751-800.

49 T. J. Schmidt, 'Structure-activity Relationships of Sesquiterpene Lactones', in *Studies in Natural Product Chemistry: Bioactive Natural Products (Part M)*, ed. A.-U. Rahman (Amsterdam, 2006), pp. 309-92.

50 M. Jacob et al., 'Sesquiterpene Lactone Mix as a Diagnostic Tool for Asteraceae Allergic Contact Dermatitis: Chemical Explanation for Its Poor Performance and Sesquiterpene Lactone Mix II as a Proposed Improvement', *Contact Dermatitis*, LXVI (2012), pp. 233-40.

51 N. Wopfner et al., 'The Spectrum of Allergens in Ragweed and Mugwort Pollen',

International Archives of Allergy and Immunology, CXXXVIII (2005), pp. 337-46.
52 P. Taramarcaz et al., 'Ragweed (*Ambrosia*) Progression and Its Health Risks: Will Switzerland Resist This Invasion?', *Swiss Medical Weekly*, CXXXV (2005), pp. 538-48.
53 L. Kiss, 'Why Is Biocontrol of Common Ragweed, the Most Allergenic Weed in Eastern Europe, Still Only a Hope?', in *Biological Control: A Global Perspective*, ed., C. Vincent et al. (Wallingford, 2007), pp. 80-92.
54 F. C. Wilmott and G. W. Robertson, '*Senecio* Disease, or Cirrhosis of the Liver Due to *Senecio* Poisoning', *The Lancet*, CXCVI (1920), pp. 848-9.
55 Frohne and Pfander, *Poisonous Plants*; S. Stockman, 'Poisoning of Cattle with British Ragwort', *Journal of Comparative Pathology and Theraputics*, XXX (1917), pp. 131-4.
56 M. Y. Altaee and M. H. Mahmood, 'An Outbreak of Veno-occlusive Disease of the Liver in Northern Iraq', *Eastern Mediterranean Health Journal*, IV (1998), pp. 142-8; R. J. Huxtable, 'Herbal Teas and Toxins: Novel Aspects of Pyrrolizidine Poisoning in the United States', *Perspectives in Biology and Medicine*, XXIV (1980), pp. 1-14; E. Roder, 'Medical Plants in Europe Containing Pyrrolizidine Alkaloids', *Pharmazie*, l (1995), pp. 83-98; E. Roder, 'Medicinal Plants in China Containing Pyrrolizidine Alkaloids', *Pharmazie*, LV (2000), pp. 711-26; Frohne and Pfander, *Poisonous Plants*; H. J. de Boer et al., 'DNA Barcoding Reveals Limited Accuracy of Identifications Based on Folk Taxonomy', *PLOS One*, IX (2014), p. e84291.
57 J. E. Peterson and C.C.J. Culvenor, 'Hepatotoxic Pyrrolizidine Alkaloids', in *Handbook of Natural Toxins, Volume i: Plant and Fungal Toxins*, ed. R. F. Keeler and A. T. Tu (New York, 1983), pp. 637-71.
58 R. Fisher, *The English Names of our Commonest Wild Flowers* (Arbroath, 1932).
59 M. Grieve, *A Modern Herbal* (London, 1979).
60 R. Page, 'Nothing to Lose but Our Ragwort', *Daily Telegraph Weekend*, 11 September 1993, p. III.
61 P. Ball, *Bright Earth: The Invention of Colour* (London, 2001).
62 H. Koster, *Travels in Brazil* (London, 1816), p. 495.
63 M. A. Chapman et al., 'Population Genetic Analysis of Safflower (*Carthamus tinctorius*; Asteraceae) Reveals a Near Eastern Origin and Five Centers of Diversity', *American Journal of Botany*, XCVII (2010), pp. 831-40; M. A. Chapman

and J. M. Burke, 'DNA Sequence Diversity and the Origin of Cultivated Safflower (*Carthamus tinctorius* L.; Asteraceae)', *BMC Plant Biology*, VII (2007), p. 60.
64 C. Clementi et al., '*Carthamus tinctorius* L.: A Photophysical Study of the Main Coloured Species for Artwork Diagnostic Purposes', *Dyes and Pigments*, CIII (2014), pp. 127-37.
65 E. A. Weiss, *Castor, Sesame and Safflower* (New York, 1971).
66 L. Dajue and H.-H. Mundel, *Safflower: Carthamus tinctorius L.* (Rome, 1996).
67 D. Zohary et al., *Domestication of Plants in the Old World* (Oxford, 2013).
68 R. Nakamura et al., 'Scientific Evidence by Fluorescence Spectrometry for Safflower Red on Ancient Japanese Textiles Stored in the Shosoin Treasure House Repository', *Studies in Conservation*, LIX (2014), pp. 367-76.
69 E. S. Levine and W. Green, 'The Cosmetic Mystique of Old Japan', *Impressions*, IV (1980), pp. [1-5]; E. Strange, *Tools and Materials Illustrating the Japanese Method of Colour-printing: A Descriptive Catalogue of a Collection Exhibited in the Museum* (London, 1913).
70 E. F. Armstrong, 'Pigments of Other Days - I', *Journal of the Royal Society of Arts*, LXXXVII (1939), pp. 295-8.

第5章　食用植物としての一面

1 National Research Council, *Lost Crops of the Incas: Little Known Plants from the Andes with Promise for Worldwide Cultivation* (Washington, DC, 1989).
2 A. McFarlane, *The God Min to the End of the Old Kingdom* (Sydney, 1995).
3 D. Zohary et al., *Domestication of Plants in the Old World* (Oxford, 2013), p. 157.
4 U. P. Hedrick, *Sturtevant's Notes on Edible Plants* (Albany, NY, 1919).
5 A. Cowley, *The Third Part of the Works of Mr Abraham Cowley, Being His Six Books of Plants* (London, 1689), p. 16.
6 John Evelyn, *Acetaria: A Discourse of Sallets* (London, 1699), p. 32.
7 Martial, 'To Phoebus', in D. R. Shackleton Bailey, *Martial: Epigrams, Volume i, Spectacles, Books 1-5* (Cambridge, MA, 1993), Book 3, p. 89.
8 Martial, 'Lettuce', in D. R. Shackleton Bailey, *Martial: Epigrams, Volume III, Books 11-14* (Cambridge, MA, 1993), Book 13, p. 14.
9 P. A. Clement, *Plutarch: Moralia, Volume VIII, Table-talk, Books 1-6* (Cambridge, MA, 1969), Book 4.10, p. 672.

10 J. Parkinson, *Paradisi in Sole* (London, 1629), p. 499.

11 J. Gerard, *The Herball, or, Generall Historie of Plantes* (London, 1633), pp. 308, 310.

12 F. Harris, 'The Manuscripts of John Evelyn's "Elysium Britannicum"', *Garden History*, XXV (1997), pp. 131-7.

13 Evelyn, *Acetaria*, p. 31.

14 Parkinson, *Paradisi in Sole*, p. 498.

15 Evelyn, *Acetaria*, p. 34.

16 Gerard, *The Herball*, p. 307.

17 Evelyn, *Acetaria*, p. 33.

18 D. Zohary, 'The Wild Genetic Resources of Lettuce (*Lactuca sativa* L.)', *Euphytica*, LIII (1991), pp. 31-5; W.J.M. Koopman et al., 'Phylogenetic Relationships among *Lactuca* (Asteraceae) Species and Related Genera Based on ITS-1 DNA Sequences', *American Journal of Botany*, LXXXV (1998), pp. 1517-30; W.J.M. Koopman et al., 'Species Relationships in *Lactuca* s.l. (Lactuceae, Asteraceae) Inferred From AF LP Fingerprints', *American Journal of Botany*, LXXXVIII (2001), pp. 1881-7.

19 I. M. de Vries, 'Origin and Domestication of *Lactuca sativa* L.', *Genetic Resources and Crop Evolution*, XLIV (1997), pp. 165-74.

20 J. G. Vaughan and C. A. Geissler, *The New Oxford Book of Food Plants* (Oxford, 1999).

21 Food and Agriculture Organization of the United Nations, FAOSTAT 2014, www.fao.org (accessed 1 April 2015).

22 C. A. Stace and M. J. Crawley, *Alien Plants* (London, 2015).

23 T. Venner, *Via Recta ad Vitam Longam* (London, 1620), p. 134.

24 Parkinson, *Paradisi in Sole*, p. 516.

25 Gerard, *The Herball*, p. 752.

26 同上

27 同上 p. 754.

28 同上

29 D. E. Moerman, *Native American Ethnobotany* (Portland, OR, 1998), p. 259; S. de Champlain, *Les Voyages de la Nouvelle-France Occidentale* (Paris, 1632).

30 J. H. Trumbull and A. Gray, 'Notes on the History of *Helianthus tuberosus*, the So-called Jerusalem Artichoke', *Botanical Gazette*, II (1877), pp. 347-52; S.

Knapp, 'Why Is a Raven Like a Writing Desk? Origins of the Sunflower That Is Neither an Artichoke Nor from Jerusalem', *New Phytologist*, CCI (2014), pp. 710-11.

31 Trumbull, 'Notes on the History of *Helianthus tuberosus*', p. 348; E. E. Schilling et al., 'Phylogenetic Relationships in *Helianthus* (Asteraceae) Based on Nuclear Ribosomal DNA Internal Transcribed Spacer Region Sequence Data', *Systematic Botany*, XXIII (1998), pp. 177-87; R. E. Timme et al., 'High-resolution Phylogeny for *Helianthus* (Asteraceae) Using the 18s-26s Ribosomal DNA External Transcribed Spacer', *American Journal of Botany*, XCIV (2007), pp. 1837-52.

32 D. G. Bock et al., 'Genome Skimming Reveals the Origin of the Jerusalem Artichoke Tuber Crop Species: Neither from Jerusalem nor an Artichoke', *New Phytologist*, CCI (2014), pp. 1021-30.

33 Gerard, *The Herball*, p. 754.

34 Parkinson, *Paradisi in Sole*, p. 518.

35 Knapp, 'Why Is a Raven Like a Writing Desk?', pp. 710-11.

36 C. H. Zhao, 'Inulin in the Application of Bio-energy', *Advanced Materials Research*, CCCXLIII-CCCXLIV (2011), pp. 556-9.

37 Hedrick, *Sturtevant's Notes on Edible Plants*.

38 J. Lightfoot, *Flora Scotica. Vol. I* (London, 1777), p. 459.

39 G. Sonnante et al., 'On the Origin of Artichoke and Cardoon from the *Cynara* Gene Pool as Revealed by rDNA Sequence Variation', *Genetic Resources and Crop Evolution*, LIV (2007), pp. 483-95.

40 A. Wiklund, 'The Genus *Cynara* L. (Asteraceae-Cardueae)', *Botanical Journal of the Linnean Society*, CIX (1992), pp. 75-123.

41 Sonnante, 'On the Origin of Artichoke and Cardoon'.

42 Hedrick, *Sturtevant's Notes on Edible Plants*.

43 G. Sonnante 'The Domestication of Artichoke and Cardoon: From Roman Times to the Genomic Age', *Annals of Botany*, C (2007), pp. 1095-1100.

44 C. Darwin, *The Origin of Species and the Voyage of the Beagle* (London, 2003), p. 161.

45 Gerarde, *The Herball*, p. 651.

46 S. Pepys, *The Illustrated Pepys: Extracts from the Diary* (Berkeley, CA, 1978), p. 105.

47 W. Gelleroy, *The London Cook, or the Whole Art of Cookery Made Easy and Famil-*

iar (London, 1762), pp. 214-16.

48 W. Law, *The History of Coffee, Including a Chapter on Chicory* (London, 1850), p. 36.

49 P. L. Simmonds, *Coffee as It Is, and as It Ought to Be* (London, 1850), p. 15.

50 Law, *History of Coffee*, p. 36.

51 P. L. Simmonds, *Coffee and Chicory: Their Culture, Chemical Composition, Preparation for Market, and Consumption; With Simple Tests for Detecting Adulteration, and Practical Hints for the Producer and Consumer* (London, 1864).

52 F. Accum, *A Treatise on Adulteration of Food* (London, 1820).

53 Law, *History of Coffee*, p. 46. にある引用

54 Simmonds, *Coffee and Chicory*, p. 292; Anon., *Report of the Proceedings on the Part of the Coffee Interest in Opposition to the Chicory Fraud: With Objections to the Treasury Minute Legalising the Sale of Mixtures of Chicory and Coffee* (London, 1853); Law, *History of Coffee*, pp. 38-43.

55 Simmonds, *Coffee as It Is* (London, 1850).

56 Law, *History of Coffee*, p. 46.

57 W. D. Seymour, *How to Employ Capital in Western Ireland: Answers to a Few Practical Questions upon the Manufacture of Beet-Sugar, Flax and Chicory* (London, 1851).

58 旧約聖書「箴言」5章4節。

59 Committee on Herbal Medicinal Products, *Assessment Report on Artemisia absinthium L., Herba* (London, 2009). Bitterness value of 10,000, with the assumption that an Olympic-sized swimming pool contains 2,500,000 litres (4,400,000 pints) of water and 'a handful' weighs about 250 g (9 oz).

60 W. N. Arnold, 'Absinthe', *Scientific American*, CCLX (1989, June), pp. 112-17.

61 B. Conrad, *Absinthe: History in a Bottle* (San Francisco, CA, 1988).

62 W. A. Arnold, 'Vincent van Gogh and the Thujone Connection', *Journal of the American Medical Association*, CCLX (1988), pp. 3042-4; D. Blumer, 'The Illness of Vincent van Gogh', *American Journal of Psychiatry*, CLIX (2002), pp. 519-26.

63 D. W. Lachenmeier et al., 'Absinthe - A Review', *Critical Reviews in Food Science and Nutrition*, XLVI (2006), pp. 365-77.

第6章　さまざまな利用法

1 M. Mazoyer and L. Roudart, *A History of World Agriculture from the Neolithic Age*

to the Current Crisis* (London, 2006).

2 P. Gerland et al., 'World Population Stabilization Unlikely This Century', *Science*, CCCXLVI (2014), pp. 234-7.

3 Food and Agriculture Organization of the United Nations, FAOSTAT 2014, www.fao.org (accessed 30 September 2015).

4 B. D. Smith, 'The Domestication of *Helianthus annuus* L. (Sunflower)', *Vegetation History and Archaeobotany*, XXIII (2014), pp. 57-74; B. K. Blackman et al., 'Sunflower Domestication Alleles Support Single Domestication Center in Eastern North America', *Proceedings of the National Academy of Sciences USA*, CVIII (2011), pp. 14360-65.

5 D. L. Lentz et al., 'Sunflower (*Helianthus annuus* L.) as a Pre-Columbian Domesticate in Mexico', *Proceedings of the National Academy of Sciences USA*, CV (2008), pp. 6232-7; C. B. Heiser, 'Sunflowers among Aztecs?', *International Journal of Plant Sciences*, CLXIX (2008), p. 980; D. L. Lentz, 'Reply to Heiser', *International Journal of Plant Sciences*, CLXIX (2008), p. 980; C. B. Heiser, 'The Sunflower (*Helianthus annuus*) in Mexico: Further Evidence for a North American Domestication', *Genetic Resources and Crop Evolution*, LV (2008), pp. 9-13.

6 J. Diamond, *Guns, Germs and Steel* (New York, 2003).

7 D. E. Moerman, *Native American Ethnobotany* (Portland, OR, 1998), pp. 257-8; C. B. Heiser, 'The Sunflower Among the North American Indians', *Proceedings of the American Philosophical Society*, XCV (1951), pp. 432-48.

8 J. Parkinson, *Paradisi in Sole* (London, 1629), pp. 295-6.

9 G. List, 'Market Report: Sunflower Seed and Oil', *Lipid Technology*, XXVII (2015), p. 24.

10 Food and Agriculture Organization of the United Nations, FAOSTAT 2014.

11 本書中で言及するロシアとは旧ソヴィエト連邦に含まれていたロシア連邦とそれに国境を接するいくつかの国をさす。時期によってはソヴィエト連邦をさしている場合もある。

12 J. R. Lofgren, 'Sunflower for Confectionery Food, Bird Food, and Pet Food', in *Sunflower Production and Technology*, ed. A. A. Schneiter (Madison, WI, 1997), pp. 747-64.

13 Food and Agriculture Organization of the United Nations, FAOSTAT 2014.

14 P. F. Knowles and A. Ashri, 'Safflower', in *Evolution of Crop Plants*, ed. J. Smartt and N. W. Simmonds (London, 1995), pp. 358-66; S. Hiremath and H. N.

Murthy, 'Domestication of Niger (*Guizotia abyssinica*)', *Euphytica*, CCXXVIII (1988), pp. 225-8; Dempewolf et al., 'Patterns of Domestication in the Ethiopian Oil-seed Crop Noug (*Guizotia abyssinica*)', *Evolutionary Applications*, VIII (2015), pp. 464-75.

15 E. Marinova and S. Riehl, '*Carthamus* Species in the Ancient Near East and South-southeastern Europe: Archaeobotanical Evidence for Their Distribution and Use as a Source of Oil', *Vegetation History and Archaeobotany*, XVIII (2009), pp. 341-9; S. J. Boardman, 'The Agricultural Foundation of the Aksumite Empire, Ethiopia', in *The Exploitation of Plant Resources in Ancient Africa*, ed. M. van der Veen (New York, 1999), pp. 137-47.

16 D. Russo et al., 'State of the Art of Biofuels from Pure Plant Oil', *Renewable and Sustainable Energy Reviews*, XVI (2012), pp. 4056-70.

17 C. B. Heiser, 'The Origin and Development of the Cultivated Sunflower', *American Biology Teacher*, XVII (1955), pp. 161-7; J. M. Fernández-Martínez et al., 'Sunflower', in *Oil Crops: Handbook of Plant Breeding IV*, ed. J. Vollmann and I. Rajcan (Dordrecht, 2009), pp. 155-232.

18 E. D. Putt, 'Early History of Sunflower', in *Sunflower Technology and Production*, ed. Schneiter.

19 Fernández-Martínez, 'Sunflower'.

20 D. E. Alexander, 'The "Lysenko" Method of Increasing Oil Content of the Sunflower', *Crop Science*, II (1963), pp. 279-80; S. V. Gontcharov and N. D. Beresneva, 'Confectionery Hybrid Sunflower Breeding in Russia', *Journal of Agricultural Science and Technology*, I (2011), pp. 919-24.

21 C. Watkins, 'Operation Oilseed', *Sunflower Magazine*, www.sunflowernsa. com (accessed 13 July 2015).

22 Fernández-Martínez, 'Sunflower'.

23 G. P. Nabhan, *Where Our Food Comes From: Retracing Nikolay Vavilov's Quest to End Famine* (Washington, DC, 2008); J. R. Harlan, *Crops and Man* (Madison, WI, 1992).

24 V. A. Gavrilova et al., 'Sunflower Genetic Collection at the Vavilov Institute of Plant Industry', *Helia*, XXXVII (2014), pp. 1-16.

25 P. Thomson, *Seeds, Sex and Civilization* (London, 2010).

26 W. Steffen et al., 'The Anthropocene: Conceptual and Historical Perspectives', *Philosophical Transactions of the Royal Society A*, CCCLXIX (2011), pp. 842-67.

27 J. Rockstrom et al., 'A Safe Operating Space for Humanity', *Nature*, CDLXI (2009), pp. 472-5.
28 W. Steffen et al., 'Planetary Boundaries: Guiding Human Development on a Changing Planet', *Science*, CCCXLVII (2015).

第7章　政治・経済・社会との関わり

1 V. van den Eynden, 'Plants as Symbols in Scotland', in *Ethnobotany in the New Europe: People, Health and Wild Plant Resources*, ed. M. Pardo-de-Santayana et al. (Oxford, 2013), pp. 239-45.
2 R. Mabey, *Flora Britannica: The Definitive New Guide to Wild Flowers, Plants and Trees* (London, 1996); W. Milliken and S. Bridgewater, *Flora Celtica: Plants and People in Scotland* (Edinburgh, 2013).
3 R. Kandeler and W. R. Ullrich, 'Symbolism of Plants: Examples from European-Mediterranean Culture Presented with Biology and History of Art. September: Cornflower', *Journal of Experimental Botany*, LX (2009), pp. 3297-9.
4 J. Goody, *The Culture of Flowers* (Cambridge, 1993).
5 A. Donnelly, 'Sunflower Mementoes for the Families of MH17 Victims', BBC News, 16 July 2015, http://news.bbc.com.
6 N. Guéguen, '"Say It with Flowers": The Effect of Flowers on Mating Attractiveness and Behavior', *Social Influence*, VI (2011), pp. 105-12; J. Haviland-Jones et al., 'An Environmental Approach to Positive Emotion: Flowers', *Journal of Evolutionary Psychology*, III (2005), pp. 104-32.
7 A. G. Morton, *History of Botanical Science: An Account of the Development of Botany from Ancient Times to the Present Day* (London, 1981).
8 J. Prest, *The Garden of Eden: The Botanic Garden and the Re-creation of Paradise* (London, 1981).
9 Goody, *The Culture of Flowers*.
10 F. Shoberl, *The Language of Flowers with Illustrative Poetry* (London, 1835), pp. 6-7.
11 S. W. Partridge, *Voices from the Garden; Or, the Christian Language of Flowers* (London, 1849), Preface.
12 同上
13 C. H. Waterman, *Flora's Lexicon: An Interpretation of the Language and Sentiment of Flowers: With an Outline of Botany, and a Poetical Introduction* (Boston, MA,

1852); H. G. Adams, *The Language and Poetry of Flowers* (New York, 1859).
14 Waterman, *Flora's Lexicon*; Dumont, *The Language of Flowers* (Philadelphia, PA, 1852); Adams, *Language and Poetry of Flowers*; Partridge, *Voices from the Garden.*
15 Adams, *Language and Poetry of Flowers.*
16 Waterman, *Flora's Lexicon*; Dumont, *Language of Flowers*; Adams, *Language and Poetry of Flowers*; Partridge, *Voices from the Garden.*
17 Goody, *Culture of Flowers.*
18 B. Berlin, *Ethnobiological Classification: Principles of Categorization of Plants and Animals in Traditional Societies* (Princeton, NJ, 1992).
19 G. Grigson, *A Dictionary of English Plant Names (And Some Products of Plants)* (London, 1973), p. 94.
20 R. Fisher, *The English Names of our Commonest Wild Flowers* (Arbroath, 1932).
21 K. Thomas, *Man and the Natural World: Changing Attitudes in England, 1500-1800* (London, 1983), pp. 81-7.
22 Anon., 'Editor to Correspondent N.F.', *Gardeners' Chronicle*, I (1841), p. 737.
23 C. Linnaeus, *Critica Botanica* (Leiden, 1737), pp. 79-81.
24 W. Blunt, *Linnaeus: The Compleat Naturalist* (London, 2004), pp. 121-2.
25 R. Bernstein, 'Vienna Journal; The Hills Are Alive with the Sound of Remembrance', *New York Times*, 24 March 2005.
26 T. Scheidegger, *Mythos Edelweiss: Zur Kulturgeschichte eines Alpinen Symbols* (Geneva, 2008), www.isek.uzh.ch.
27 これらがひとつの種のふたつの亜種なのか，ふたつの別の種なのかは分類学上の議論になっている。遺伝子解析からはふたつの別個の種とする説が支持されている。C. Blöch et al., 'Molecular Phylogeny of the Edelweiss (*Leontopodium*, Asteraceae-Gnaphalieae)', *Edinburgh Journal of Botany*, LXVII (2010), pp. 235-64; S. Safer et al., 'Phylogenetic Relationships in the Genus *Leontopodium* (Asteraceae: Gnaphalieae) Based on AF LP Data', *Botanical Journal of the Linnean Society*, CLXV (2011), pp. 364-77.
28 M. Ischer et al., 'A Better Understanding of the Ecological Conditions for *Leontopodium alpinum* Cassini in the Swiss Alps', *Folia Geobotanica*, XLIX (2014), pp. 541-58.
29 C. Boner, 'Chamois Hunting in the Mountains of Bavaria', *New Monthly Magazine*, XCVIII (1853), p. 166.
30 B. Auerbach, *Edelweiss: A Story* (Boston, MA, 1869), p. 77.

31 Y. Ballu, *Die Alpen auf Plakaten* (Bern, 1987).
32 G. Flemwell, *Alpine Flowers and Gardens* (London, 1910), p. 90.
33 Henry Correvon in G. Flemwell, *The Flower-fields of Alpine Switzerland: An Appreciation and a Plea* (London, 1911), Preface.
34 W. S. Walsh, *Handy-book of Literary Curiosities* (Philadelphia, PA, 1909), p. 268.
35 M. Twain, *A Tramp Abroad* (London, 1880), p. 216. ［マーク・トゥエイン『ヨーロッパ放浪記』飯塚英一訳／彩流社／ 1996年］
36 Flemwell, *Flower-fields of Alpine Switzerland*, p. 36.
37 P. Martin, *The Chrysanthemum Throne: A History of the Emperors of Japan* (Honolulu, HI, 1997).
38 筆者不明, 'Dahlia: National Flower of Mexico', http://en.presidencia.gob.mx (2016年9月1日アクセス).
39 B. Bell, 'The Beautiful Flower with an Ugly Past', BBC News, 22 May 2016, http://news.bbc.com.
40 P. Biddiscombe, '"The Enemy of Our Enemy": A View of the Edelweiss Piraten from the British and American Archives', *Journal of Contemporary History*, XXX (1995), pp. 37-63.
41 J. Dormer, *A Collection of State Flowers* (London, 1734).
42 T. Rowlandson, *The Flower of the City* (London, 1809); C. Williams, *The Fadeing Flower: 'The Flower Fadeth and Its Place Shall Know It no More'* (London, 1809).
43 G. Cruikshank, *The Peddigree of Corporal Violet*, print published by Hannah Humphrey (London, 1815).
44 Scheidegger, *Mythos Edelweiss*, p. 26. 20世紀初頭のアルプスの環境保存に関する個人的見解については Flemwell, *Alpine Flowers and Gardens*, pp. 133-5 を参照されたい。
45 R. Mann, *Daisy Petals and Mushroom Clouds: lbj, Barry Goldwater, and the Ad that Changed American Politics* (Baton Rouge, LA, 2011).

第8章　文化・芸術・自然科学との関わり

1 T. Hood, *The Poetical Works of Thomas Hood* (Boston, MA, 1869), p. 176.
2 T.H.B. Sofield et al., 'Historical Methodology and Sustainability: An 800-year-old Festival from China', *Journal of Sustainable Tourism*, I (1998), pp. 267-92; E. W. Clement, *The Japanese Floral Calendar* (Chicago, IL 1905).

3 R. Mabey, *Flora Britannica: The Definitive New Guide to Wild Flowers, Plants and Trees* (London, 1996), pp. 354-5.

4 C. M. Skinner, *Myths and Legends of Flowers, Trees, Fruits, and Plants in All Ages and in All Climes* (Philadelphia, PA, 1911), pp. 83-4.

5 G. Grigson, *A Dictionary of English Plant Names (And Some Products of Plants)* (London, 1974), p. 42.

6 L. Parry, *William Morris Textiles* (London, 1983); O. Fairclough and E. Leary, *Textiles by William Morris and Morris and Co., 1861-1940* (London, 1981).

7 M. B. Freeman, *The Unicorn Tapestries* (New York, 1983).

8 W.H.S. Jones, *Pliny: Natural History, Books 24-27* (Cambridge, MA, 2001), Books 5, 4, 8.

9 G. Saunders, *Picturing Plants: An Analytical History of Botanical Illustration* (London, 1995), p. 7.

10 R. Addison, 'From My Own Apartment Window', The Tatler, 25 August 1710.

11 R. Hayden, *Mrs Delany: Her Life and Her Flowers* (London, 1980); M. Laird and A. Weisberg-Roberts, *Mrs Delany and Her Circle* (New Haven, CT, 2009); M. Peacock, *The Paper Garden: An Artist (Begins Her Life's Work) at 72* (New York, 2011).

12 B. F. Tobin, 'Virtuoso or Naturalist? Margaret Cavendish Bentinck, Duchess of Portland', in *Women and Curiosity in Early Modern England and France*, ed. L. Cottegnies et al. (Leiden, 2016), pp. 216-32.

13 G. Paston, *Mrs Delany (Mary Granville): A Memoir, 1700-1788* (London, 1900), pp. 229-30.

14 同上, pp. 230-31.

15 E. Darwin, *The Botanic Garden: A Poem, in Two Parts* (London, 1807), p. 53; Lady Llanover, *The Autobiography and Correspondence of Mary Glanville, Mrs Delany: With Interesting Reminiscences of King George the Third and Queen Charlotte* (London, 1862), p. 96.

16 Paston, *Mrs Delany*, p. 230.

17 J. Ruskin, *Proserpina: Studies of Wayside Flowers* (Orpington, 1879).

18 M. Collins, *Medieval Herbals: The Illustrative Traditions* (London, 2000).

19 P. D. Sorensen, 'The Dahlia: An Early History', *Arnoldia*, XXX (1970), pp. 121-38.

20 A. M. Coats, 'The Empress Joséphine', *Garden History*, V (1977), pp. 40-46; É. P.

Ventenat, *Jardin de la Malmaison* (Paris, 1803).
21 G. L. Miller, *The Metamorphosis of Plants: Johann Wolfgang von Goethe* (Cambridge, MA, 2009).［『植物のメタモルフォーゼ試論』は『ゲーテ形態学論集・植物篇』木村直司訳／ちくま学芸文庫／2009年に収録］
22 A. G. Morton, *History of Botanical Science: An Account of the Development of Botany from Ancient Times to the Present Day* (London, 1981).
23 I. Stewart, *Life's Other Secret: The New Mathematics of the Living World* (Chichester, 1998), pp. 121-36.
24 J. A. Adam, *A Mathematical Nature Walk* (Princeton, NJ, 2009), pp. 31-42.
25 G. Markowsky, 'Misconceptions about the Golden Ratio', *College Mathematics Journal*, XXIII (1992), pp. 2-19.
26 H. Vogel, 'A Better Way to Construct a Sunflower Head', *Mathematical Biosciences*, XLIV (1979), pp. 179-89.
27 J. Swinton et al., 'Novel Fibonacci and Non-fibonacci Structure in the Sunflower: Results of a Citizen Science Experiment', *Royal Society Open Science*, III (2016), p. 160091.
28 Quoted in G. C. Druce, *The Flora of Northamptonshire* (Arbroath, 1930), p. civ.
29 G. Chaucer, 'Prologue to "The Legend of Good Women"', www.machias. edu (accessed 20 September 2017); S. Landsberg, *The Medieval Garden* (London, 2002).
30 D. Ewen, *American Popular Songs: From the Revolutionary War to the Present* (New York, 1966).
31 A. Reid, *Leningrad: Tragedy of a City under Siege, 1941-44* (London, 2011); G. P. Nabhan, *Where Our Food Comes From: Retracing Nikolay Vavilov's Quest to End Famine* (Washington, DC, 2009).

第9章　栽培の工夫

1 J. Paxton, *A Practical Treatise on the Cultivation of the Dahlia* (London, 1838), p. 4.
2 R. Duthie, *Florists' Flowers and Societies* (Princes Risborough, 1988).
3 Quoted in the entry for carnations by R. J. Thornton, *New Illustration of the Sexual System of Carolus von Linnaeus: And the Temple of Flora, or Garden of Nature* (London, 1807).
4 J. Cullen et al., *The European Garden Flora: A Manual for the Identification of Plants Cultivated in Europe, Both Out-of-doors and Under Glass. Volume v. Borag-*

inaceae to Compositae (Cambridge, 2011).

5 UN Trade Statistics, http://unstats.un.org (accessed 5 September 2016).

6 A. Hughes, 'Global Commodity Networks, Ethical Trade and Governmentality: Organizing Business Responsibility in the Kenyan Cut Flower Industry', *Transactions of the Institute of British Geographers*, XXVI (2001), pp. 390-406.

7 P. D. Sorensen, 'The Dahlia: An Early History', *Arnoldia*, XXX (1970), pp. 121-38.

8 J. Salter, *The Chrysanthemum; Its History and Culture* (London, 1865); Z. Wand et al., 'Existing Situation and Content of Ancient Chinese Manuals on Chrysanthemum', *Studies in the History of Natural Sciences*, January 2009.

9 S. Landsberg, *The Medieval Garden* (London, 2002).

10 R. Fortune, *Three Years' Wanderings in the Northern Provinces of China, Including a Visit to the Tea, Silk, and Cotton Countries: With an Account of the Agriculture and Horticulture of the Chinese, New Plants, etc.* (London, 1847), p. 154.

11 Guinness World Records, Tallest Sunflower, www.guinnessworldrecords.com (2016年5月1日アクセス).

12 S. A. Harris, *Planting Paradise: Cultivating the Garden, 1501-1900* (Oxford, 2011).

13 R. Fortune, *Yedo and Peking: A Narrative of a Journey to the Capitals of Japan and China . . .* (London, 1863), p. 126.

14 N. B. Ward, *On the Growth of Plants in Closely Glazed Cases* (London, 1852).

15 Salter, *The Chrysanthemum.*

16 W. Curtis, '*Chrysanthemum indicum.* Indian Chrysanthemum', *Botanical Magazine*, IX (1795), t.327.

17 Salter, *The Chrysanthemum.*

18 同上, pp. 7-8.

19 Z. Shi et al., '*Chrysanthemum*', *Flora of China*, www.efloras.org (2016年10月10日アクセス).

20 Fortune, *Three Years' Wanderings.*

21 Fortune, *Yedo and Peking*, p. 126.

22 H. V. Hansen, 'A Taxonomic Revision of the Genus *Gerbera* (Compositae, Mutisieae) Sections Gerbera, Parva, Piloselloides (in Africa), and Lasiopus', *Opera Botanica*, LXXVIII (1985); H. V. Hansen, 'A Story of the Cultivated *Gerbera*', *New Plantsman*, VI (1999), pp. 85-95.

23 J. D. Hooker, 'Gerbera jamesoni', *Curtis's Botanical Magazine*, LXV (1889),

t.7087.
24 R. I. Lynch, '*Gerbera*, with a Coloured Plate of the New Hybrids', *Flora and Sylva*, III (1905), pp. 206-8; R. I. Lynch, 'Natural Variations of *Gerbera*', *Gardeners' Chronicle*, XL (1906), p. 314; R. I. Lynch, 'Hybrid Gerberas', *Gardeners' Chronicle*, XLV (1909), pp. 339-41.
25 K. R. Tourjee et al., 'Early Development of *Gerbera* as a Floricultural Crop', *HortTechnology*, IV (1994), pp. 34-40.
26 L. H. Brockway, *Science and Colonial Expansion: The Role of the British Royal Botanic Gardens* (New Haven, CT, 1979); C. Juma, *The Gene Hunters: Biotechnology and the Scramble for Seeds* (Princeton, NJ, 1989).
27 R. Fortune, *A Journey to the Tea Countries of China; Including Sung-lo and the Bohea Hills; With a Short Notice of the East India Company's Tea Plantations in the Himalaya Mountains* (London, 1852), pp. 123, 125.
28 Fortune, *Yedo and Peking*, p. 105.
29 G. N. Fick, 'Genetics of Floral Color and Morphology in Sunflowers', *Journal of Heredity*, LXVII (1976), pp. 227-30.
30 Anon., *Catalogus Plantarum Horti Medici Oxoniensis* (Oxford, 1648); P. Stephens and W. Browne, *Catalogus Horti Botanici Oxoniensis* (Oxford, 1658); J. Bobart, *Catalogus Herbarum ex horto Botanico Oxoniensi*, 1676 (MS Sherard 32, Sherardian Library of Plant Taxonomy, Bodleian Library, Oxford).
31 S. Ohno et al., 'Genetic Control of Anthrocyanin Synthesis in Dahlia (*Dahlia variabilis*)', in *Bulbous Plants Biotechnology*, ed. K. G. Ramawat and J. M. Mérillon (Boca Raton, fl, 2014), pp. 228-47.
32 M. A. Chapman et al., 'Genetic Analysis of Floral Symmetry in Van Gogh's Sunflowers Reveals Independent Recruitment of CYCLOIDEA Genes in the Asteraceae', *PLOS Genetics*, VIII (2012), p. e1002628.
33 R. D. Sargent, 'Floral Symmetry Affects Speciation Rates in Angiosperms', *Proceedings of the Royal Society of London, Series B Biological Sciences*, CCLXXI (2004), pp. 603-8.
34 S. Andersson, 'Pollinator and Nonpollinator Selection on Ray Morphology in *Leucanthemum vulgare* (Oxeye Daisy, Asteraceae)', *American Journal of Botany*, XCV (2008), pp. 1072-8; L. R. Nielsen et al., 'Selective Advantage of Ray Florets in *Scalesia affinis* and *S. pedunculata* (Asteraceae), Two Endemic Species from the Galapagos', *Evolutionary Ecology*, XVI (2002), pp. 139-53; T. F. Stuessy

et al., 'Adaptive Significance of Ray Corollas in *Helianthus grosseserratus* (Compositae)', *American Midland Naturalist*, CXV (1986), pp. 191-7.

35 M. Williamson, *Biological Invasions* (London, 1996).

36 C. A. Stace and M. J. Crawley, *Alien Plants* (London, 2015).

37 同上, p. 100.

38 S. A. Harris, 'Introduction of Oxford Ragwort, *Senecio squalidus* L. (Asteraceae), to the United Kingdom', *Watsonia*, XXIV (2002), pp. 31-43.

39 J. E. Smith, *Flora Britannica. Vol. II* (London, 1800), p. 884; H. N. Ridley, *The Dispersal of Plants throughout the World* (Ashford, Kent, 1930), p. 629.

40 E. Allan and J. R. Pannell, 'Rapid Divergence in Physiological and Life-history Traits between Northern and Southern Populations of the British Introduced Neo-species, *Senecio squalidus*', *Oikos*, CXVIII (2009), pp. 1053-61.

41 G. C. Druce, *The Flora of Oxfordshire: A Topographical and Historical Account of the Flowering Plants and Ferns Found in the Country; With Biographical Notices of the Botanists Who Have Contributed to Oxfordshire Botany During the Last Four Centuries* (Oxford, 1927).

42 D. H. Kent, '*Senecio squalidus* L. in the British Isles. 3. East Anglia', *Transactions of the Norfolk and Norwich Naturalists' Society*, XVIII (1957), pp. 30-31.

43 W.H.O. Ernst, 'Invasion, Dispersal and Ecology of the South African Neophyte *Senecio inaequidens* in the Netherlands: From Wool Alien to Railway and Road Alien', *Acta botanica neerlandica*, XLVII (1998), pp. 131-51.

44 J. Amphlett and J. Rea, *The Botany of Worcestershire: An Account of the Flowering Plants, Ferns, Mosses, Hepatics, Lichens, Fungi and Freshwater Algae, Which Grow or Have Grown Spontaneously in the County of Worcester* (Birmingham, 1909); F. J. Hanbury and E. S. Marshall, *Flora of Kent* (London, 1899), p. 202; G. G [ulliver], '*Senecio squalidus*', *Hardwicke's Science-gossip for 1873*, 1874, p. 139.

45 カルドン，チコリ，エンダイブ，アーティチョーク，キクイモ，レタス，ベニバナ，ヒマワリ，ヤーコンのこと。

46 H. Dempewolf et al., 'Crop Domestication in the Compositae: A Family-wide Trait Assessment', *Genetic Resources and Crop Evolution*, LV (2008), pp. 1141-57.

スティーヴン・A・ハリス（Stephen A. Harris）
オックスフォード大学植物科学学部准教授。植物標本室主事。おもな著書に『*The Magnificent Flora Graeca*（すばらしき「ギリシア植物誌」）』，『*Grasses*（牧草）』，『*What Have Plants Ever Done for Us?*（植物は私たちに何をしてきたか）』がある。

伊藤はるみ（いとう・はるみ）
1953年名古屋市生まれ。ノンフィクションを中心に英日翻訳に携わる。最近の訳書にはジェフ・ミラー著『「食」の図書館 アボカドの歴史』，マリア・タタール編『［ヴィジュアル注釈版］ピーター・パン（上下）』（以上原書房刊）などがある。

花《はな》と木《き》の図書館《としょかん》

ひまわりの文化誌《ぶんかし》

●

2021 年 *7* 月 *21* 日　第 *1* 刷

著者……………スティーヴン・A・ハリス
訳者……………伊藤《いとう》はるみ
装幀……………和田悠里
発行者……………成瀬雅人
発行所……………株式会社原書房

〒 160-0022 東京都新宿区新宿 1-25-13
電話・代表 03(3354)0685
振替・00150-6-151594
http://www.harashobo.co.jp

印刷……………新灯印刷株式会社
製本……………東京美術紙工協業組合

ISBN 978-4-562-05923-2, Printed in Japan